ADOLPHE JOANNE

GÉOGRAPHIE
DE
LA CREUSE

17 gravures et une carte

HACHETTE ET Cie

GÉOGRAPHIE

DU DÉPARTEMENT

DE

LA CREUSE

AVEC UNE CARTE COLORIÉE ET 17 GRAVURES

PAR

ADOLPHE JOANNE

AUTEUR DU DICTIONNAIRE GÉOGRAPHIQUE ET DE L'ITINÉRAIRE
GÉNÉRAL DE LA FRANCE

PARIS
LIBRAIRIE HACHETTE ET Cie
79, BOULEVARD SAINT-GERMAIN, 79

1882

Droits de traduction et de reproduction réservés

TABLE DES MATIÈRES

DÉPARTEMENT DE LA CREUSE

I	1	Nom, formation, situation, limites, superficie. . . .	3
II	2	Physionomie générale..	5
III	3	Cours d'eau..	9
IV	4	Climat	22
V	5	Curiosités naturelles.	24
VI	6	Histoire..	24
VII	7	Personnages célèbres.	30
VIII	8	Population, langues, culte, instruction publique . .	40
IX	9	Divisions administratives.	42
X	10	Agriculture; productions.	44
XI	11	Industrie; produits minéraux	47
XII	12	Commerce, chemins de fer, routes.	52
XIII	13	Dictionnaire des communes.	53

LISTE DES GRAVURES

1	Gorges de la Tardes, près de Chambon	11
2	Gorges du Taurion.	15
3	La Souterraine	19
4	Cascade des Jarreaux.	25
5	Église du Moutier-d'Ahun	29
6	Ruines du château de Crozant	31
7	Hôtel dit des comtes de la Marche, à Guéret	33
8	Boussac.	35
9	Aubusson	49
10	Viaduc du Busseau-d'Ahun.	51
11	Église de Bénévent.	55
12	Chambon.	57
13	Église de Felletin.	58
14	Châtelus-Malvaleix.	59
15	Château de Montaigut-le-Blanc.	61
16	Château ruiné du Monteil-au-Vicomte	63
17	Église de la Souterraine.	65

4606. — Imprimerie A. Lahure, 9, rue de Fleurus, à Paris

DÉPARTEMENT
DE
LA CREUSE

I. — Nom, formation, situation, limites, superficie.

Le département de la Creuse doit son *nom* à la principale de ses rivières, la Creuse, qui y naît, le traverse du sud-est au nord-ouest et le divise en deux portions à peu près égales.

Il fut *formé*, en 1790, aux dépens de cinq des provinces qui constituaient alors la France : la Marche, le Limousin, le Bourbonnais, le Berry et le Poitou. La **Marche**, qui avait pour capitale Guéret, fournit à elle seule 327,140 hectares, c'est-à-dire la majeure partie de la région connue sous le nom de *Haute-Marche*, par opposition à la *Basse-Marche*, qui a contribué à former en partie les départements de la Haute-Vienne et de l'Indre. Le **Limousin**, qui avait pour capitale Limoges, ne donna que 80,000 hectares; le **Bourbonnais**, dont la capitale était Moulins, 57,206 ; le **Berry**, capitale Bourges, n'en fournit que 25,000 ; le **Poitou**, capitale Poitiers, 58,888.

Le département de la Creuse est *situé* dans la région centrale de la France. Toutefois, il est plus rapproché de l'océan Atlantique, à l'ouest, que des Alpes; de la Méditerranée, au sud, que de la Manche, au nord. Il est séparé de l'Atlantique par trois départements, la Haute-Vienne, la Charente et la Charente-Inférieure; trois, l'Allier, Saône-et-Loire et le Jura, le séparent de la Suisse : cinq, l'Indre, Loir-et-Cher,

Eure-et-Loir, Eure et la Seine-Inférieure, de la Manche ; quatre, la Corrèze, le Cantal, la Lozère et le Gard, le séparent de la Méditerranée ; quatre, la Corrèze, le Lot, Tarn-et-Garonne et la Haute-Garonne, de l'Espagne. Enfin son chef-lieu, Guéret, est à 405 kilomètres au sud de Paris par le chemin de fer, à 300 seulement en ligne droite, à travers quatre départements, le Cher, le Loiret, Seine-et-Oise et la Seine.

Le département de la Creuse est traversé du nord au sud par le méridien qui passe à l'est de Soumans, d'Auge, du Chauchet, de Saint-Pardoux-d'Arnet, de Málleret, de Saint-Oradoux-de-Chirouze, et à l'ouest de Verneiges, de Lussat, de Tardes, de Saint-Priest, de la Celle-Barmontoise et de Saint-Agnant. Il est compris entre le 0°,17' de longitude est et le 1° de longitude ouest, et entre le 45°,40' et le 46°,27' de latitude nord : il est donc un peu plus près du Pôle que de l'Équateur, que séparent, comme on le sait, 90 degrés ou un quart de cercle. Son chef-lieu, Guéret, se trouve à peu près sous la même latitude que la Rochelle, Civray, la Palisse et Bourg ; à peu près sous la même longitude que Boulogne-sur-Mer, Versailles, Orléans, Gaillac et Ax.

Le département de la Creuse est *borné* : au nord-est, par le département du Cher ; au nord, par celui de l'Indre ; à l'ouest, par celui de la Haute-Vienne ; au sud, par celui de la Corrèze ; à l'est, par ceux du Puy-de-Dôme et de l'Allier. Ses limites sont presque toutes conventionnelles, c'est-à-dire tracées à travers champs, sans souci des obstacles naturels, tels que les rivières et les montagnes. On ne peut guère noter comme frontières naturelles qu'une partie du cours de certaines rivières telles que le Cher, en amont du confluent de la Tardes, le Chavanon, la Chandouille, le Taurion, la Creuse au-dessus du point où elles sortent du département.

Sa *superficie* est de 556,830 hectares. Sous ce rapport, le département de la Creuse est le 62ᵉ département de la France ; en d'autres termes, 61 sont plus grands et 25 plus petits. Sa forme est celle d'un ovale peu régulier qui, dans le sens de sa *longueur*, du nord-ouest au sud-est, c'est-à-dire de l'extrémité du territoire de la commune de Saint-Sébastien à la partie méridionale de celui de Saint-Merd-la-Breuille, aurait 110 kilomètres de diamètre et 80 kilomètres seulement dans le sens de sa plus grande *largeur*, c'est-à-dire du nord-est au sud-ouest. Son *pourtour*, en ne tenant pas compte d'une foule de sinuosités secondaires, est d'environ 400 kilomètres.

II. — Physionomie générale.

Le département de la Creuse est formé presque entièrement de terrains primitifs recouverts d'une mince couche de terre végétale. On y rencontre le granit pur, les porphyres, le schiste micacé, le quartz, le gneiss, etc. Les cantons d'Évaux et de Chambon sont de formation schisteuse. Les terrains de formation secondaire comprennent seulement les bassins houillers d'Ahun, de Lavaveix-les-Mines et les environs de Bourganeuf. Les dépôts tertiaires et alluvions modernes n'occupent qu'une étendue insignifiante du territoire de la Creuse. La constitution géologique de ce département donne la raison du peu de fertilité de son territoire. « La contrée, dit M. Élisée Reclus (*Nouvelle Géographie universelle*), qui se trouve presque en entier sur le versant de la Loire, n'offre guère qu'un sol ingrat, soit dans les montagnes, soit sur les pentes faiblement inclinées du plateau ; des châtaigneraies, des landes, des jachères, de maigres champs de seigle y couvrent encore de vastes surfaces, et la culture soignée n'y a pu faire que de faibles progrès. »

L'inclinaison générale du sol est indiquée par le lit de la Creuse, qui court du sud-est vers le nord-ouest et quitte le territoire par 175 mètres d'altitude, point le plus bas du département. Cependant les bassins du Taurion, de la Maulde et de la Gartempe, assez élevés vers le centre du département, sont inclinés vers l'ouest.

De la ligne de hauteurs qui passe par les communes de Saint-Agnant, Malleret, le Trucq, le Mas-d'Artige et Feniers, on aperçoit, vers le nord, quatre chaînes principales de montagnes disposées en éventail. La première, dirigée vers le nord-est, à travers les cantons de Crocq et d'Auzances, forme la ligne de partage des eaux entre le bassin de l'Allier et celui du Cher. La seconde chaîne, sur la rive droite de la Creuse, se dirige vers le nord en traversant les cantons de Bellegarde, Chénérailles, Jarnages et Boussac, d'où elle envoie à l'ouest une ramification embrassant le bassin de l'Indre. La troisième chaîne, partant de Gentioux, à l'ouest de la vallée de la Creuse, va vers le nord-ouest à travers les cantons de Felletin, de Saint-Sulpice-les-Champs, d'Ahun, de Guéret, de Saint-Vaury, du Grand-Bourg et de la Souterraine ; elle forme ligne de faîte entre le bassin de la Creuse, à droite, et les bassins du Taurion et de la Gartempe, à gauche. Ces deux derniers bassins sont séparés par une chaîne secondaire qui s'embranche, dans le canton d'Ahun, sur la chaîne principale, et traverse les cantons de Pontarion et de Bénévent. Enfin la quatrième chaîne, à l'ouest, sépare le bassin du Taurion de celui de la Vienne.

Au centre commun d'où se ramifient ces diverses chaînes, s'en rattachent deux autres. La première relie les **montagnes de la Marche** à celles de l'Auvergne et, traversant le canton de Crocq, sépare les eaux qui vont à la Dordogne de celles qui descendent vers l'Allier. La seconde court directement vers le Midi, entre les cantons de Gentioux et de la Courtine, sépare le bassin de la Vienne de celui de la Dordogne, puis va se relier au plateau de Millevache (Corrèze) et, au sud-ouest, aux montagnes du Limousin.

La plus élevée de ces diverses chaînes est celle qui entre dans la Creuse à 4 ou 5 kilomètres au sud-est de Crocq et forme ligne de faîte entre le bassin de la Loire et celui de la Dordogne. Entre les sources de la Tardes et celles du Chavanon, ces hauteurs varient entre 800 et 832 mètres d'altitude ; mais, entre le Chavanon et la Diège, elles se maintiennent entre 800 et 900 mètres : Maileret est à 835 mètres, *le Puy-Chevrol* à 876 mètres, le *Signal de la Fagitière*, près du Trucq, à 895 mètres, la montagne du *Mas d'Artiges* à 895, et celle de

Feniers, qui domine la source de la Creuse, à 920 mètres. Quant au point culminant (951 mètres) de tout le département, il se dresse dans la forêt de *Châteauvert*, à 2 ou 3 kilomètres au sud-est de Saint-Oradoux-de-Chirouze. L'arête culminante dont ces principaux sommets font partie est formée de plateaux, de collines arrondies dont la faible hauteur relative ne laisse pas soupçonner que l'on se trouve à près de 1000 mètres au-dessus du niveau de la mer. On n'aperçoit sur ces mornes plateaux que des ondulations stériles, des vallons dépouillés, des sommets déserts, de nombreux ruisseaux, quelques prairies, des terrains incultes couverts de bruyères, d'ajoncs, de genêts, de pins, peu de pentes boisées, si ce n'est celles que recouvrent les forêts de Châteauvert et de Magnat.

La chaîne qui traverse les cantons de Crocq et d'Auzances atteint 799 mètres au *Signal des Farges*, et 792 à celui de *Lascourt-Faucher*. La ramification de cette chaîne, qui s'allonge entre le Cher et la Tardes et dont le point le plus élevé (721 mètres) est à Sermur, va se terminer, au nord d'Évaux, par des escarpements (451 mètres) dominant la Tardes.

La ligne de hauteurs entre la Creuse et la Tardes qui, dans les parties voisines de Crocq, a près de 600 mètres, n'en a plus que 500 à Fresselines, à l'embouchure de la Petite-Creuse. Elle se relève à Toulx-Sainte-Croix, où le *Puy des Pierres-Jaumathres* atteint 595 mètres, et deux autres sommets 626 et 655 mètres.

Les montagnes qui portent les vastes plateaux de Gentioux et de Royère (750 à 850 mètres) ont pour points culminants, à l'est de Gentioux, le *signal de Groscher* (906 mètres), le *Puy de Coudreau* (874 mètres), celui *de la Brause* (859 mètres); et, si ces hauteurs s'abaissent d'une manière sensible dans la direction de Bourganeuf, elles ont encore 700 mètres au sud et à l'est de cette ville, et 727 mètres à Soubrebost.

La chaîne qui se détache du massif précédent près de Pigerolles, et qui accompagne à des distances variables le cours de la Creuse, a pour sommets les plus remarquables : le *Puy d'Hyverneresse*, au nord-est de Gioux (854 mètres); celui qui se dresse au sud-est de Saint-Michel-de-Veisse (684 mètres) ; la montagne de *Peyrabout* (687 mètres), près de la source de la Gartempe ; le *Puy Gaudy* (651 mètres) ; le *Maupuy* (686 mètres) ; et, au delà de Guéret, la montagne des *Trois-Cornes* (636 mètres), qui domine Saint-Vaulry. Enfin une dernière ramification de collines, qui s'unit à la chaîne précédente au sud des sources de la Gartempe, court directement vers l'ouest et sépare le bassin de cette rivière de celui du Taurion. Ces collines atteignent, au sud-ouest de la Chapelle-Taillefer, 678 mètres (le Taurion), et, près de Saint-Goussaud, au *Puy Montjuvis*, 697 mètres.

Ces nombreuses chaînes de montagnes, qui s'appuient sur le massif méridional du département, s'abaissent graduellement vers le nord. Çà et là, elles s'aplatissent pour former de vastes plateaux peu fertiles. Séparées les unes des autres par des vallées parfois très profondes, par des vallons ou par des gorges, elles le sont très rarement par des plaines même de peu d'étendue. Les vallées les plus importantes ne s'élargissent jamais assez pour fournir aux agriculteurs de vastes étendues de terrain d'alluvion où ils puissent récolter en abondance des céréales et se livrer aux cultures qui font la fortune de la plupart des départements voisins.

La principale vallée du département est celle de la Creuse. Au-dessus d'Ahun, cette vallée n'est encore qu'une gorge étroite et pittoresque. Les escarpements granitiques qui l'encaissent s'ouvrent brusquement çà et là pour donner accès à de petits torrents qui coulent dans des vallons ravissants, ombragés et fertiles, contrastant avec l'aridité des hauteurs. Ces escarpements, qui d'abord ne dominent la vallée, que de 100 à 150 mètres, atteignent 300 à 400 mètres au-dessus de Felletin, et n'ont plus que 200 mètres dans les environs d'Aubusson ; mais, aux abords de cette ville, la vallée, dès qu'elle a atteint Lavaveix-les-Mines, s'élargit ou se rétrécit tour à tour, et la rivière, bien que peu abondante, y arrose de magnifiques prairies. La vallée du Taurion est étroite, rocheuse et profonde ; celle de la Gartempe est plus large et plus fertile ; la vallée de la Petite-Creuse, bordée comme celle de la Creuse de rocs granitiques, a un aspect sauvage et pittoresque ; enfin la vallée de la Tardes est remarquable, surtout entre Chambon et le Cher, où sa rivière coule dans des gorges qui rivalisent avec les plus belles de l'Auvergne. « Le pays est adorable, dit George Sand, en parlant de la vallée de la Tardes : on quitte de grands plateaux, d'un terrain maigre et humide, couvert de petits arbres et de grands buissons, et l'on descend dans une gorge longue, sinueuse, qui, par endroits, s'élargit assez pour devenir vallée. Au fond de cette gorge qui se ramifie, coulent des rivières de vrai cristal, point navigables et plutôt torrents que rivières, quoiqu'elles ne fassent que filer vite en tourbillonnant un peu et sans menacer personne... C'est un pays d'herbes et de feuilles, un continuel berceau de verdure. »

III. — Cours d'eau.

Les eaux du département se partagent d'une manière fort inégale entre les bassins de la Loire et de la Dordogne : à ce dernier bassin n'appartiennent, en effet, que dix communes situées dans le sud-est du département.

Bassin de la Loire. — La **Loire** passe à une distance considérable du département de la Creuse, dont la séparent le département de l'Indre et la majeure partie de celui d'Indre-et-Loire. Ce fleuve, dont le cours dépasse 1,000 kilomètres, dans un bassin de 11,650,000 hectares, naît à environ 100 kilomètres à vol d'oiseau au nord de la Méditerranée, dans le département de l'Ardèche, au Gerbier-de-Joncs, cône trachitique haut de 1,562 mètres. La Loire coule d'abord au nord, comme si elle devait se perdre dans la mer du Nord ; puis, de Digoin à Orléans, vers le nord-ouest, comme pour gagner la Manche dans le département du Calvados ; enfin elle prend la direction de l'ouest et va se jeter dans l'Atlantique à Saint-Nazaire, à 53 kilomètres en aval de Nantes. Elle longe ou traverse douze départements : l'Ardèche, la Haute-Loire, la Loire, Saône-et-Loire, l'Allier, la Nièvre, le Cher, le Loiret, Loir-et-Cher, Indre-et-Loire, Maine-et-Loire, la Loire-Inférieure; et baigne Roanne, Nevers, Orléans, Blois, Tours, Saumur, Nantes (elle passe aussi à peu de distance du Puy-en-Velay et des deux grandes villes de Saint-Étienne et d'Angers). La Loire, qui a pour principaux affluents l'Allier, le Cher, l'Indre, la Vienne et la Maine, est redoutable par des crues terribles, pendant lesquelles elle roule 10,000, 12,000 et 15,000 mètres cubes d'eau par seconde; mais, en été, ses eaux, très basses, ne coulent plus que sur une faible partie de son large lit de sable, beaucoup trop vaste autrefois, avant qu'il eût été rétréci par l'établissement de *levées* ou digues. En temps d'étiage, elle ne débite guère que 30 à 40 mètres cubes par seconde entre Orléans et Tours, et 60 à 75 au-dessous du confluent de la Vienne. En aval du confluent de la Maine, le minimum est de 127 mètres cubes.

Les eaux du département descendent à la Loire par le Cher, l'Allier, l'Indre et la Vienne.

Le **Cher**, dont la vallée moyenne, vers Saint-Amand-Mont-Rond, est la plus centrale de la France, est une rivière longue de 320 kilomètres. Il a sa source dans le département de la Creuse, au sein de montagnes de 700 à 800 mètres, au hameau du Cher, près de Mérinchal, canton de Crocq. Il se dirige vers le nord-nord-est et baigne Chard, passe à l'est d'Auzances, sépare la Creuse des départements du Puy-de-Dôme et de l'Allier sur un parcours d'environ 20 kilomètres, pendant lequel il arrose Chambouchard, puis entre définitivement dans l'Allier. Après avoir baigné Montluçon, le Cher pénètre dans le département auquel il a donné son nom et où il arrose Saint-Amand-Mont-Rond et Vierzon. Il sert ensuite de limite aux départements de l'Indre et de Loir-et-Cher; dans ce dernier département il reçoit la Sauldre, principale rivière de la Sologne. En Indre-et-Loire, il coule au pied du château historique de Chenonceaux, arrose la banlieue de Tours et va

Gorges de la Tardes, près de Chambon.

s'unir à la Loire (rive gauche) en face de Cinq-Mars, au Bec-du-Cher, par 39 mètres d'altitude. Malgré sa longueur, malgré l'étendue de son bassin, le Cher roule peu d'eau, surtout en amont du confluent de la Sauldre. Il est censé navigable à partir de Vierzon, mais il porte très peu de bateaux.

[Ceux de ses affluents qui appartiennent au département, en totalité ou en partie, sont : le *ruisseau* d'écoulement *de l'Étang-Neuf* (rive gauche), qui baigne Auzances ; — la *Pampeluze* (rive droite), qui sort d'un étang situé au sud de Verghéas (Puy-de-Dôme), baigne Charron, sert de limite au département sur un parcours d'environ 9 kilomètres et a son embouchure près du pont de la Gode ; — et enfin la *Tardes* (62 kilomètres de cours ; rive droite), qui naît à 3 kilomètres de Basville, dans des montagnes de 750 à 832 mètres, canton de Crocq, passe près de Crocq, de Saint-Avit, et reçoit le *Roudeau* (rive droite), qui sort de trois étangs au sud-sud-ouest de Sermur. La Tardes, grossie du Roudeau, coule à 3 kilomètres à l'est de Bellegarde, serpente dans une vallée profonde, où elle fait mouvoir de nombreux moulins, baigne Tardes, Chambon, où elle reçoit la *Méouse* et la *Vouise* ou *Voueyse* (50 kilomètres de cours ; rive gauche) qui vient de Juchefaux, se grossit, à Peyrat-la-Nonière, du *ruisseau de l'étang de Lepis* (rive gauche) et de celui de l'*étang de Pinaud* (rive gauche), entre Saint-Julien-le-Châtel et Gouzon ; elle reçoit ensuite le *ruisseau* (rive gauche) qui vient *de Gouzougnat*, et, à Chambon, la *Verneigette* (rive gauche) et le *ruisseau* du grand *étang de Landes* (rive droite), et, après avoir coulé dans des gorges pittoresques, se perd dans la Tardes. La Tardes, accrue de la Vouise, reçoit enfin le *Charcot* (rive droite) et serpente, au nord d'Évaux, dans de belles gorges qu'elle arrose jusqu'à son embouchure, qui s'ouvre sur la limite du département.]

L'Allier (il passe à une soixantaine de kilomètres à vol d'oiseau du département) est une rivière considérable, qui est peut-être plus abondante que la Loire quand elle la rejoint au lieu dit le Bec-d'Allier, à 6 ou 7 kilomètres au-dessous de Nevers, par 172 mètres d'altitude. Né dans le département de la Lozère, à 1,425 mètres au-dessus de la mer, l'Allier a un cours d'environ 375 kilomètres. Il coule, sur une grande étendue de son parcours, au fond de gorges déchirées appartenant à la Lozère, à l'Ardèche, à la Haute-Loire. Après avoir passé près de Brioude, dans ce dernier département, puis non loin de Clermont-Ferrand et de Riom, dans le département du Puy-de-Dôme, l'Allier pénètre dans le département auquel il a donné son nom ; il y baigne Moulins, sépare ensuite le département du Cher de celui de la Nièvre et se perd dans la Loire.

[L'Allier recueille les eaux de la partie orientale du canton de Crocq, non pas directement, mais par la Saunade et le ruisseau de Condat, affluents de gauche du Sioulet, qui grossit la Sioule, tributaire de l'Allier.

La *Sioule* est une abondante rivière, de 160 kilomètres de cours, qui appartient en entier aux départements du Puy-de-Dôme et de l'Allier. Elle coule en général dans des gorges étroites et pittoresques. Sortie du lac de Servière, elle baigne trois chefs-lieux de canton, Pontgibaud (Puy-de-Dôme), Ébreuil et Saint-Pourçain (Allier), et tombe dans l'Allier.

Son affluent (rive gauche) le *Sioulet*, qui appartient en entier au Puy-de-Dôme, se divise en deux branches, qui viennent l'une de Giat et l'autre de Tortebesse, et se jette dans la Sioule au nord de Saint-Jacques-d'Amburq. Il reçoit le *ruisseau de Condat* (16 kilomètres de cours, dont 5 dans le département), qui naît près de la Mazière-aux-Bons-Hommes, traverse un étang et sort du département pour passer dans celui du Puy-de-Dôme et y baigner Condat.

La *Saunade* (22 kil. de cours, dont 9 seulement dans le département) a sa source à l'est de Mérinchal, traverse deux étangs, sort du département à l'Azereix et va tomber dans le Sioulet au-dessous de Pontaumur (Puy-de-Dôme).]

L'**Indre** n'englobe dans son bassin qu'une commune du département de la Creuse, celle de Bussière-Saint-Georges, où prend sa source le *ruisseau des Pattes*, un de ses affluents. L'Indre est une charmante rivière, de 240 à 250 kilomètres de cours, qui commence à la Fontaine d'Indre, commune de Saint-Priest-la-Marche, canton de Châteaumeillant (Cher). Dans le département auquel elle donne son nom, elle baigne la Châtre, Châteauroux; en Indre-et-Loire, elle passe à Loches, croise le chemin de fer de Paris à Bordeaux sous un beau viaduc de 59 arches, et tombe dans la Loire (rive gauche) entre Langeais et la Chapelle.

La **Vienne**, l'affluent le plus abondant de la Loire avec l'Allier, est une rivière longue de 372 kilomètres; elle limite le territoire de la Creuse, à son extrémité sud, sur un parcours de 2 kilomètres. Née dans les monts du Limousin, hauts de 900 à 1000 mètres, elle baigne Limoges (Haute-Vienne), Confolens (Charente), Châtellerault (Vienne), Chinon (Indre-et-Loire), et tombe dans la Loire, par 30 mètres d'altitude, à quelques lieues en amont de Saumur. Dans son cours inférieur, sa largeur moyenne dépasse 150 mètres.

Les principaux affluents de la Vienne qui appartiennent en partie au département sont: la Chandouille, la Maulde, le Taurion et la Creuse.

La *Chandouille* (15 kilomètres dont 6 dans le département et 4 sur sa limite; rive droite) a sa source à une petite distance à l'est de Gentioux, entre celles du Taurion, de la Maude et d'un affluent de la Creuse. Elle traverse l'étang de Chandouille et passe dans la Corrèze, où elle tombe dans la Vienne en amont de Tarnac.

La *Maulde* ou *Maude* (70 kilomètres de cours, dont 34 dans la Creuse; rive droite) naît au pied du Puy-de-Coudreau (874 mètres), au sud de Gentioux, coule dans une vallée pittoresque, sort un instant du département, y rentre bientôt pour y baigner Saint-Martin-Château et former la belle cascade des Jarreaux (*V.* p. 25). Elle sert ensuite de limite entre le département de la Creuse et celui de la Haute-

Gorges du Taurion.

Vienne sur un parcours de 2 kilomètres. Après avoir serpenté aux environs de Peyrat-le-Château, de Saint-Julien-le-Petit et de Bujaleuf, elle rencontre la Vienne en aval de Saint-Denis-des-Murs. La Maulde, dont le cours est très sinueux, roule, en toute saison, une quantité d'eau assez abondante. Sa largeur moyenne est de 24 mètres, sa profondeur moyenne de 45 centimètres.

La *Taurion* (96 kilomètres de cours, dont 83 dans le département; rive droite) naît à Paillier, au pied de la Brause (859 mètres), canton de Gentioux, baigne Villemoneix, coule dans une vallée sauvage, passe au nord-est du Monteil-au-Vicomte, reçoit la *Villeneuve* (rive droite) qui baigne la Nouaille, Vallières et Banise; se grossit ensuite du *ruisseau de Vidaillat* (rive gauche) et, à Saint-Hilaire-le-Château, du *ruisseau* qui vient *de Saint-Sulpice-le-Donzeil* (rive droite). Le Taurion baigne plus loin Pontarion, Bosmoreau, passe au nord de Bourganeuf, où tombe la *Gane-Molle* (rive gauche); passe au pied des bois de Mérignat, de Faye-Froide où il reçoit la *Leyrenne* (rive droite), du Chauverne-Nègre et à Chatelus-le-Marcheix. Il limite ensuite le département sur un parcours de 10 kilomètres, se grossit de la *Vigie* (rive gauche), et enfin de la *Babilance* (rive gauche), au point où il quitte le département pour celui de la Haute-Vienne. Dans la Haute-Vienne le Taurion baigne Saint-Laurent-des-Églises, Saint-Martin-Terresus et se jette dans la Vienne, par 232 mètres d'altitude, à Saint-Priest-Taurion. Cette jolie rivière, dont les eaux coulent constamment dans une vallée pittoresque, a dans sa partie inférieure une largeur moyenne de 45 mètres et une profondeur de 60 centimètres.

La **Creuse**, le tributaire le plus long (250 kilomètres de cours, dont 121 dans le département ou sur sa limite) et le plus large de la Vienne, prend sa source à 1500 mètres au sud-est de Féniers, au pied d'une montagne de 920 mètres qui dépend du massif du mont Odouze et sépare la Creuse de la Corrèze. Elle passe à Féniers, à Villecrouseix, au pied de la colline de Gioux, remonte directement vers le nord, baigne Croze, s'enfonce dans la vallée de Felletin, coule dans des gorges sauvages, baigne Aubusson, serpente au fond de défilés boisés très pittoresques, où, longée par le chemin de fer, elle rencontre Alleyrat et la Rochette, traverse le bassin houiller d'Ahun, et transforme ses gorges en une étroite et jolie vallée. Au delà du Moutier-d'Ahun, elle coule sous le beau viaduc du chemin de fer de Montluçon à Limoges, à 6 kilomètres à l'est de Guéret, dans une vallée profonde, bordée d'escarpements granitiques, et passe à Celle-Dunoise, à Fresselines, au pied des pittoresques collines de Crozant où elle sert de limite au département, sur un parcours de 7 kilomètres. Entrée dans le département de l'Indre, la Creuse y coule dans une vallée tortueuse et encaissée, passe à l'est d'Éguzon, baigne Argenton, le Blanc, Tournon, la Haye-Descartes, sépare le département d'Indre-et-Loire de celui de la Vienne et se jette dans la Vienne à Bec-des-Eaux.

Dans la partie inférieure de son cours, la largeur moyenne de la Creuse est de 96 mètres. Les crues de cette rivière atteignent, selon la largeur de son lit, 4 mètres 75 à 8 mètres 90 au-dessus de l'étiage; mais en été ses eaux sont peu abondantes, et elle serait presque à sec sans les retenues d'usines et les *Jards*, dépôts de gros cailloux et de sable graveleux formant des barrages naturels.

D'après les documents officiels, la Creuse est regardée comme flottable du confluent de la Petite-Creuse jusqu'au port de l'Auvernière (132 kilomètres); la partie navigable comprend les 8,250 mètres qui séparent l'Auvernière de son embouchure : le tirant d'eau est tout au plus de 50 centimètres.

Les affluents de la Creuse qui ont la totalité ou une partie de leur cours dans le département sont les ruisseaux de Pigerolles et de Clairavaux, la rivière de Poussanges, le Gourbillon, la Rozeille, le ruisseau d'Épie, la Petite-Creuse, la Sedelle et la Gartempe.

Le *ruisseau de Pigerolles* (8 kilomètres; rive gauche), formé au pied de la Mijoie (950 mètres) par les fontaines

2

de Fonfrède, des Sagnoles et de Foncoutiade, baigne Pigerolles et tombe dans la Creuse au hameau de Villecrouseix.

Le *ruisseau de Clairavaux* (10 kilomètres; rive droite), qui a sa source à l'ouest du Mas-d'Artige, au pied d'une hauteur de 833 mètres, arrose Clairavaux et rejoint la Creuse en amont de Croze.

La *rivière de Poussanges* (11 kilomètres; rive droite) sort de la fontaine du Bournardeix, passe à l'ouest de Poussanges et a son embouchure en amont de Felletin.

Le *Gourbillon* (14 kilomètres; rive gauche) a sa source à l'est de celle du Taurion, au nord de Pigerolles et son embouchure à 500 mètres en amont de Felletin.

La *Rozeille* (30 kilomètres; rive droite) commence à 2 kilomètres au nord-est du Trucq, au pied du Puy de la Fagitière (886 mètres), traverse la forêt de Magnat, baigne la commune de ce nom, arrose une pittoresque vallée, passe à Pont-Charaud, à Sainte-Feyre-la-Montagne et se jette dans la Creuse à 3 kilomètres au-dessus d'Aubusson.

Le *ruisseau d'Épie* (12 kilomètres; rive droite), venu de Chénérailles, atteint la Creuse au-dessous du Moutier-d'Ahun.

La *Petite-Creuse* (65 kilomètres; rive droite) prend sa source à la Bussière, au pied du Puy-Chevrier (514 mètres), laisse à gauche Soumans, Lavaufranche, croise le chemin de fer de Limoges à Montluçon, s'engage dans les gorges étroites et profondes de Boussac, baigne Malleret, Genouillat, Malval, Chéniers et tombe dans la Creuse à Fresselines, par 198 mètres d'altitude. Les cours d'eau dont se grossit la Petite-Creuse sont : le *ruisseau de Leyrat* (10 kilomètres; rive droite), qui a sa source sur les confins du département, à l'est de Saint-Pierre-le-Bost, sépare un instant le département de la Creuse de celui de l'Allier, passe à l'ouest de Leyrat et a son embouchure à Autraigues; — le *Béroux* (9 kilomètres; rive droite), dont la source est à l'ouest de Saint-Marien et l'embouchure à Boussac; — le *Verraux*, qui sort de l'Étang-Neuf, traverse l'étang de Parsac et se jette dans la Petite-Creuse à près de 3 kilomètres à l'ouest de Malleret.

La Souterraine.

La *Sedelle* (36 kilomètres ; rive gauche) a son origine dans les collines de Saint-Priest-la-Feuille, croise le chemin de fer de Châteauroux à Limoges, baigne la Souterraine, Saint-Aignant-de-Versillat, reçoit le déversoir de l'*étang de Noth*, la *Brézentine*, coule dans une vallée profonde et tombe dans la Creuse au pied des pittoresques collines qui portent le château de Crozant.

La *Gartempe* (170 kilomètres, dont 52 dans le département ; rive gauche) a sa source près de Lépinas, canton d'Ahun. Elle baigne Saint-Christophe, la Chapelle-Taillefer, croise le chemin de fer de Limoges à Montluçon, passe au pied de la colline qui porte les ruines du château de Montaigut, arrose Gartempe, passe au nord de Grand-Bourg-de-Salagnac, à Saint-Pierre, à Saint-Étienne-de-Fursac, et, 2 kilomètres en aval, entre dans la Haute-Vienne, où elle arrose un chef-lieu de canton, Châteauponsac. Dans le département de la Vienne, elle baigne un chef-lieu d'arrondissement, Montmorillon, et se jette dans la Creuse à la Roche-Posay. La Gartempe coule en général dans une vallée pittoresque. Dans le département de la Haute-Vienne, lorsqu'elle s'est grossie de ses principaux affluents, sa largeur moyenne est de 48 mètres et sa profondeur de près de 80 centimètres.

Les affluents de la Gartempe dans le département sont : le *ruisseau des étangs de Saint-Vaury* (rive droite), qui rejoint la Gartempe au nord-est de Grand-Bourg ; — le *Péroux* (rive gauche), qui naît au sud-est de Grand-Bourg, traverse l'*étang du Grand-Murat* et a son embouchure à Saint-Étienne-de-Fursac ; — l'*Ardour* (28 kilomètres, dont 20 dans le département ; rive gauche), qui sort du vaste *étang de Montboucher*, situé près d'Augères, baigne Mourioux, Marsac, entre dans la Haute-Vienne où il coule dans un profond vallon et se jette dans la Gartempe un peu au-dessus du pont du chemin de fer de Paris à Limoges.

La Gartempe reçoit en outre, hors du département, l'*Anglin* (80 kilomètres, dont 4 dans le département ; rive droite), qui a sa source près d'Azerables, passe dans l'Indre et se jette dans la Gartempe au-dessous d'Angles. Un des affluents de l'Anglin, l'*Abloux*, a son origine dans le département de la Creuse, près de Bazelat, et en sort après un cours de 9 kilomètres pour se perdre dans l'Anglin, à quelques kilomètres à l'ouest de Prissac (Indre).

Enfin la partie occidentale du canton de la Souterraine envoie ses eaux à la Gartempe par la *Benaize*, qui vient de Vareilles, et par ses affluents, la *Chaume*, qui sert d'écoulement au vaste étang de ce nom, et la *Planche;* enfin par la *Brame*, qui naît près de Saint-Maurice, et par la *Semme*, qui vient de Saint-Priest-la-Feuille, traverse l'*étang de Semme*, croise le chemin de fer de Limoges à Châteauroux, et, peu après, entre dans le département de la Haute-Vienne, où elle tombe dans la Gartempe au nord de Blanzac.

BASSIN DE LA DORDOGNE. — La **Dordogne** (490 kilomètres de cours dans un bassin de 2,340,000 hectares), qui passe à 16 kilomètres environ de la limite sud-est du département, sort d'un pré mouillé situé à 1,720 mètres d'altitude, sur les flancs du Puy-de-Sancy (1,886 mètres), département du Puy-de-Dôme. Elle sépare le Cantal de la Corrèze, traverse la partie méridionale de ce dernier département, une portion de celui du Lot, le sud de celui auquel elle donne son nom et où elle baigne Bergerac, passe plus loin dans la Gironde, y arrose Libourne, et, au Bec-d'Ambès, mêle ses eaux à celles de la Garonne pour former la Gironde, qui se perd dans le golfe de Gascogne, par un vaste estuaire, entre Royan et la pointe de la Grave, en face du rocher de Cordouan. A Bergerac la Dordogne ne roule que 56 mètres cubes par seconde; mais, en temps de crue, elle peut en rouler près de 5,000. Elle est navigable à la remonte comme à la descente à partir de Souillac (Lot); sa largeur varie de 100 mètres, dans son cours supérieur, à 1,200 mètres, près de son embouchure.

Les affluents de la Dordogne qui, par leur cours supérieur,

appartiennent au département sont le Chavanon et la Diège.

Le *Chavanon* (52 kilomètres, dont 9 seulement dans le département ou sur sa limite) prend sa source près de Monteil-le-Guillaume, canton de Crocq, traverse le vaste *étang de la Ramade*, sert de limite entre la Creuse et le Puy-de-Dôme, puis entre le Puy-de-Dôme et la Corrèze, se grossit dans ce dernier département de la *Méousette* (16 kilomètres dans le département), qui naît au sud de Malleret et traverse le vaste *étang de Méouse*. Le Chavanon coule ensuite dans une profonde vallée granitique, reçoit de nombreux cours d'eau, et, à l'ouest de Singles (Puy-de-Dôme) tombe dans la Dordogne.

La *Diège* (50 kilomètres, dont 2 seulement dans le département) a sa source non loin de celle de la Creuse, au sud de Féniers, au pied d'un Puy de 920 mètres, passe à peu de distance de Sornac (chef-lieu de canton de la Corrèze), reçoit la *Courtine* (22 kilomètres, dont 9 dans le département), qui vient du Mas-d'Artige. Grossie de cet affluent, la Diège passe au pied de la colline d'Ussel, s'enfonce dans des gorges profondes et se jette dans la Dordogne au-dessous de Roche-le-Peyroux.

Étangs. — Le département de la Creuse possède un grand nombre d'*étangs*. Les plus remarquables sont : l'étang *de la Ramade*, *de Montboucher*, *de la Chapelle-Saint-Martial*; celui que traverse le Péroux, ceux des environs de Malleret, *de Noth*, *de Saint-Vaury*, *de Pinaud*, *des Landes*, *de Fragnes*, etc.

IV. — Climat.

Le climat d'un lieu, d'un pays, dépend surtout de cinq conditions : de la latitude, de son altitude, de son plus ou moins grand éloignement de la mer, de la prédominance de certains vents, de la nature du sol.

Comme latitude le département de la Creuse est situé presque à égale distance du Pôle et de l'Équateur, c'est-à-dire dans la zone essentiellement tempérée ; il devrait donc jouir d'un climat doux ; mais l'altitude générale du sol, surtout dans les régions nord-est et sud, étant assez considérable, le climat du département est assez rude : s'il n'est pas aussi dur que le climat auvergnat, il n'a pas la douceur du climat girondin. Le département est exposé à de brusques changements de température ; l'air y est vif, mais généralement humide à cause de l'imperméabilité du sol qui s'oppose à l'absorption rapide des eaux de pluie.

Les hivers y sont longs et précoces, l'été assez court ; l'automne est la plus belle saison.

Les pluies sont fréquentes (environ 90 jours par an à Ahun) ; leur intensité augmente en allant du nord au sud, c'est-à-dire des parties les moins élevées du département vers celles qui le sont davantage. Si les eaux des pluies et de la neige qui tombent annuellement dans cette région n'étaient pas absorbées par le sol ou vaporisées par le soleil, elles formeraient une nappe d'eau d'une profondeur de 1 mètre à Gentioux, à Royère, à Bourganeuf, qui n'aurait plus que 85 centimètres à Ahun, 80 à Aubusson, à Guéret, à Boussac, et 60 à Évaux et à Chambon, dans le bassin du Cher.

Les observations météorologiques faites pendant une assez longue série d'années à Ahun, ville située à peu près au centre du département, donnent, pour les 10 dernières années pendant lesquelles ces observations ont eu lieu : 724 millimètres, hauteur moyenne de la colonne mercurielle du baromètre ; 79,50, moyenne de l'état hygrométrique de l'atmosphère, et 10 degrés 15, moyenne de la température qui est à peu près égale à celle de Paris.

On compte dans l'année environ 15 jours de neige, 90 jours de pluie, 20 jours d'orages et 246 jours sans pluie.

Les vents qui soufflent le plus souvent dans cette région sont les vents du sud-ouest, du nord-est et de l'ouest. En moyenne, le vent du sud-ouest souffle 92 jours, celui du nord-ouest 68, celui de l'ouest 56, celui du nord 38, celui du nord-ouest 33, celui du sud 31, celui de l'est 28, et celui du sud-est 13.

V. — Curiosités naturelles.

Le département de la Creuse, un des plus accidentés de la France, n'est cependant pas très riche en curiosités naturelles. Mais, si l'on n'y rencontre pas les roches immenses, les panoramas sublimes, les sites grandioses des régions tourmentées par les éruptions volcaniques, on y trouve de belles gorges, de pittoresques vallées, et des sites charmants dont George Sand a laissé de poétiques descriptions. Il suffit de remonter les vallées ou les gorges au fond desquelles coulent la Creuse, la Petite-Creuse, la Gartempe, le Taurion, le Cher, la Tardes et la Vouise pour rencontrer à chaque instant des sites gracieux ou sauvages, véritables nids de verdure ou s'arrête volontiers le voyageur qui vient de traverser les plateaux arides et déserts ou de côtoyer les pentes dénudées des hauteurs environnantes.

Si le département ne possède ni grottes, ni volcans, comme l'Auvergne, sa belle *cascade des Jarreaux* peut rivaliser avec les plus belles de la France. Cette cascade est formée par les eaux toujours abondantes de la Maulde, qui, après avoir creusé une infinité de petites rigoles, sur un lit de granit se réunissent brusquement pour se précipiter en masse dans une tranchée verticale profonde de 12 à 15 mètres.

VI. — Histoire.

Avant le cinquième siècle de notre ère, le département de la Creuse était compris dans le pays des *Lemovices*. Placé sur les frontières de ce pays, il appartenait à la portion du territoire qui reçut, à l'époque mérovingienne, le nom de *Marchia Lemovicina*.

Parmi les diverses tribus gauloises qui l'habitèrent, on ne cite que les *Cambiovicenses*, établis dans les environs de

Cascade des Jarreaux

Chambon. Les races antérieures à l'époque de la conquête ont laissé peu de traces dans le pays. On trouve cependant encore çà et là, surtout dans la partie nord-est du département, de rares dolmens, des tombelles et des restes de constructions qui remontent à une haute antiquité et datent la plupart d'une époque antérieure à l'ère gallo-romaine.

Les ruines découvertes à Toulx-Sainte-Croix, sous une couche de terre de plusieurs pieds d'épaisseur, appartenaient probablement à une antique cité gauloise. Ces ruines informes donnent une idée de la manière dont les Gaulois construisaient leurs habitations. Les maisons occupaient un espace de 3 ou 4 mètres carrés et n'avaient qu'une ouverture formée de grosses pierres debout. La ville était défendue par trois enceintes formées de pierres énormes et bâties en amphithéâtre à 40 mètres de distance l'une de l'autre. La première enceinte avait 1,200 mètres de circonférence et 5 mètres 50 centimètres d'épaisseur; les deux autres étaient naturellement moins grandes et moins fortes. Six portes donnaient accès dans cette ville, où se voient encore les restes de deux édifices importants et un cimetière antique où l'on trouve quatre couches superposées de tombes de pierre. Une place forte d'une grande importance existait en outre au Puy de Gaudy, au S. de Guéret, où ses ruines sont encore visibles. Châteauvieux, au N. de Guéret, et Thauron étaient aussi des forteresses gauloises.

L'occupation romaine a également laissé dans ce pays des traces nombreuses. Sans parler des innombrables médailles, armes et ustensiles divers que des fouilles ont mis au jour, et des voies romaines qui subsistent encore, on voit à Ahun (*Agedunum*), à Aubusson, à Felletin, à Évaux (*Evahonium*), à Toulx-Sainte-Croix, à Crocq, à Chambon, etc., des débris d'édifices, de temples et de nombreuses sépultures dont l'origine gallo-romaine ne saurait être contestée.

Lors de la première division de la Gaule, la *Marchia Lemovicina* fut comprise dans l'Aquitaine première. Vers la fin du troisième siècle, les Vandales, qui vinrent échouer devant

Limoges, ouvrirent l'ère des invasions de barbares qui, pendant plusieurs siècles, allaient se ruer sur l'empire romain expirant. En 412 les Wisigoths s'emparèrent de toute cette partie de la Gaule, dont ils ne furent dépossédés qu'en 507 par Clovis. Le roi franc confia le gouvernement de l'Aquitaine à des comtes particuliers qui administrèrent cette province au nom de son fils Théodoric, auquel il venait de la donner en apanage. L'Aquitaine passa ensuite successivement au pouvoir de Charibert, roi de Paris (561-567), de Childebert, roi de Metz (585-596), et enfin de Clotaire II. Bogis et Bertrand, qui en furent les premiers ducs héréditaires, relevaient, en cette qualité, du roi Dagobert Ier. Les successeurs de ces ducs, Hunald et Waïffre, engagèrent contre Charles Martel et Pépin une lutte terrible dont la Marche eut beaucoup à souffrir. Tour à tour envahie par les Sarrasins et par les Normands, cette province n'eut heureusement pas à subir les ravages des hordes hongroises, qui s'arrêtèrent sur sa frontière, se bornant à rançonner et à dévaster l'Aquitaine.

Varactum ou *Garactum* (Guéret) se formait à cette époque. Cette ville, qui devait être la capitale de la basse Marche, s'était peu à peu élevée autour du monastère fondé (669) par saint Pardulphe ou Pardoux. Ses premiers habitants furent pour la plupart ceux du Puy de Gaudy, chassés de leur ville par les barbares. En 752, une troupe de Sarrasins dispersés après la bataille de Poitiers, si l'on en croit la tradition, se fixait à Aubusson et y jetait les premiers fondements des industries qui ont fait de cette ville la cité la plus commerçante du département.

La Marche qui, jusque vers le milieu du dixième siècle, avait dépendu du Limousin, en fut alors détachée par Guillaume Tête-d'Étoupes, duc d'Aquitaine. Boson-le-Vieux (944), petit-fils de Geoffroi, premier comte de Charroux, fut le premier comte de la Marche. A sa mort, son comté fut divisé en deux autres, à la tête desquels furent placés ses deux fils puînés : Aldebert, qui succéda à son père dans la partie haute de la Marche, et Boson II dans la partie basse, tandis que leur frère aîné, Hélie Ier, héritait du comté de Périgord. Aldebert ayant eu des démêlés avec Thibault, comte de Blois, assiégea la ville de Tours. Hugues Capet, intervenant dans la lutte et prenant fait et cause pour Thibault, somma Aldebert de se retirer et lui adressa cette question hautaine : « Qui t'a fait comte ? », à laquelle le comte de la Marche répondit fièrement : « Ceux qui t'ont fait roi », ou « qui t'a fait roi ? » L'intervention de Hugues Capet ne fut pas favorable à son protégé : Aldebert s'empara de Tours, dont il fit cadeau à son allié Foulques le Bon, comte d'Anjou.

Boson II fut aussi intraitable que son frère : il guerroya contre Guillaume-le-Grand, duc d'Aquitaine, fut fait prisonnier, parvint à recouvrer sa liberté, s'enferma (997) dans le château de Bellac, où il se défendit vaillamment contre le duc d'Aquitaine et contre le roi Robert. La même année, il fondait le moutier d'Ahun, célèbre abbaye de l'ordre de Cluny, dont les bâtiments claustraux et l'église subsistent encore.

Aldebert ayant, à la mort de son frère Hélie Ier, hérité du comté de Périgord, laissa cette province à Hélie II, tandis que son autre fils, Bernard, eut les deux Marches en apanage. Les successeurs de Bernard furent Aldebert III, Boson III, Almodis, sœur du précédent, et son mari, Roger de Montgommery, Aldebert IV, ainsi que Eudes et Boson IV, fils d'Almodis, qui gouvernèrent conjointement la province, et se virent enlever par les seigneurs de Lusignan une partie importante de leurs possessions (1146-1143). Bernard II reçut en héritage de son père Aldebert le comté, amoindri par les usurpations des seigneurs de Lusignan, et son fils Aldebert V (1177) le céda à Henri II, roi d'Angleterre, moyennant la somme de 5,000 marcs d'argent. Geoffroi de Lusignan et ses frères, les plus proches héritiers d'Aldebert, n'acceptèrent pas cette aliénation, et Hugues IX de Lusignan, époux de Mathilde, comtesse d'Angoulême, héritière d'Aldebert, réunit sur sa tête le gouvernement de toute la province, que ses descendants conservèrent jusqu'en 1301. A cette époque, Hugues XIII la vendit à Philippe le Bel, et c'est en vain que

Eglise du Moutier-d'Ahun.

Gui, à la mort de son frère Hugues (1303), s'efforça de rentrer en possession de ce fief, dont le roi de France conserva la propriété. Érigé en pairie par Philippe le Long, en faveur de son frère Charles le Bel (1316), qui l'échangea avec Louis de Bourbon contre le comté de Clermont en Beauvaisis, il appartint jusqu'en 1435 aux membres de cette famille. A cette époque, Jacques II de Bourbon le transmit à son gendre, Bernard d'Armagnac. Il fut ensuite confisqué par Louis XI, qui le fit ainsi passer des mains du célèbre Jacques d'Armagnac entre celles de Pierre de Bourbon, sire de Beaujeu (1477). Charles II, dauphin d'Auvergne, connétable de Bourbon, ayant épousé Suzanne, fille de Pierre de Bourbon, la Marche appartint à ce prince jusqu'à sa mort (1531), époque à laquelle elle fut confisquée par François Ier qui, en 1540, l'érigea en pairie au profit de Charles de France, son troisième fils. A la mort de ce prince, survenue en 1545, cette province fit définitivement partie du domaine de la couronne, bien que l'on voie plus tard les fils aînés des princes de Conti porter le titre de comte de la Marche.

L'histoire de cette province n'est pas riche en évènements qui aient eu une influence, même peu considérable, sur celle de notre pays. Les diverses familles seigneuriales qui l'ont possédé n'ont pas produit des hommes bien remarquables; car, si les Montgommery, les d'Armagnac et le connétable de Bourbon, cet illustre capitaine qui malheureusement prit les armes contre son pays, ont été comtes de la Marche, ils n'appartiennent pas exclusivement à cette province.

Les comtes de la Marche, qui possédaient tous de grands fiefs, soit en Normandie comme les Montgommery, soit e Saintonge, soit en Touraine, en Berry, comme les Lusignan, soit en Périgord comme les d'Armagnac, n'ont pas laissé, dans les villes de la haute et de la basse Marche de nombreuses traces de leur séjour. Cependant la ville de Guéret, dont le rôle historique est assez effacé, possédait un vaste château élevé par un des comtes de Montgommery.

Lorsque le cri des premiers croisés : « Dieu le veut » fut

Ruines du château de Crozant.

poussé dans les montagnes de l'Auvergne, on l'entendit bientôt retentir dans les vallées de la Marche. L'infortuné Aldebert IV, prit la croix pour oublier, en guerroyant contre les infidèles, des malheurs domestiques dont il avait eu connaissance à son retour d'Aquitaine, où il avait suivi le roi de France, qui avait pris fait et cause contre Richard d'Angleterre, dans la guerre que ce dernier soutenait contre ses frères, Henri et Geoffroy. Aldebert, en quittant la France pour n'y plus revenir, vendit, en passant, au célèbre monastère de Grandmont son comté au roi d'Angleterre, vente qui, comme nous l'avons dit, ne fut pas exécutée, la maison de Lusignan ayant fait valoir les droits qu'elle avait sur cette province.

Le vicomte d'Aubusson, Reynaud VII, partit aussi pour l'Orient.

Les vicomtes d'Aubusson, dont le premier (887) fut créé vicomte de la Marche par le roi Eudes, ont joué un rôle assez important dans cette province. Un d'entre eux, Ranulfe ou Reynaud Ier, passa sa vie à piller les monastères, à rançonner ses vassaux et à guerroyer contre le sire de Comborn, qui lui disputait l'héritage laissé par Aymar, vicomte de Turenne. Ses fils, probablement pour racheter les crimes de leur père, comblèrent de libéralités l'abbaye de Bonlieu, et rétablirent le monastère de Rozeille. Reynaud VI fonda le monastère de Blessac, où furent inhumés les membres de sa famille. Reynaud VII, à son retour de la troisième croisade, dut reconnaître (1226) la suprématie féodale de Hugues de Lusignan, comte de la Marche.

Il combattit ensuite dans l'armée que Simon de Montfort avait levée contre les Albigeois, et son successeur, Reynaud VII (1260), vendit sa vicomté au comte de la Marche, Hugues XI de Lusignan, dont les héritiers en conservèrent désormais la propriété.

Dans les dernières années du douzième siècle, le comté de la Marche fut traversé et ravagé par des bandes d'aventuriers connu sous les divers noms de *Cottereaux*, *Routiers*, qui se rendaient en Aquitaine pour se mettre à la solde des An-

Hôtel dit des comtes de la Marche, à Guéret.

glais. Les communes de la Marche ne laissèrent pas ces bandes de pillards ravager impunément leur territoire. Leurs habitants s'unirent à la *confrérie des Capuchons*, organisée en 1183 au Puy-en-Velay (*V.* la *Géographie de la Haute-Loire*, par Ad. Joanne), dans le but d'exterminer ces hordes de Routiers, de Brabançons, qui désolaient le midi de la France; ils firent vaillamment leur devoir.

L'armée levée par les communes de la Marche rencontra les Routiers, commandés par un nommé Cabaran, non loin de la ville de Guéret (1183), et les tailla en pièces. Leur chef et un grand nombre de soldats furent pendus; un butin immense tomba entre les mains des vainqueurs. Les années qui suivirent ce glorieux fait d'armes furent troublées par la lutte de Philippe Auguste contre Jean Sans-Terre. Hugues le Brun, comte de la Marche, suivit d'abord la fortune du roi de France, et dut, lorsque les belligérants signèrent une courte trêve de deux ans, servir de garant à son allié, mais bientôt il embrassa la cause de Jean Sans-Terre, et son successeur, Hugues X, s'unit (1227) aux seigneurs qui, pendant la minorité du roi Louis IX, avaient pris les armes contre la régente, Blanche de Castille. Le même Hugues X, poussé par l'orgueil de sa femme, qui avait été reine d'Angleterre, refusa l'hommage à son suzerain immédiat, le comte Alphonse de Poitiers, frère de saint Louis. Il appela à son aide le roi Henri III d'Angleterre, fils de sa femme (1242); mais tous d'eux, vaincus par le roi de France à Taillebourg, implorèrent la paix, et le comte de la Marche obtint son pardon.

Ces tentatives de rébellion ne se reproduisirent pas pendant la période de la guerre de Cent ans. Cette province resta fidèle à la cause royale, qui était alors celle de la nation; et, après la bataille de Poitiers (1356), tandis que les Anglais s'emparaient des forteresses de Bridier, de Chamborand, de Chabannes, de Monteautre, d'Aubusson, de Sermur, etc., la ville de la Souterraine leur résistait vaillamment et ne leur ouvrait ses portes que contrainte et forcée par le traité de Brétigny (1360).

Boussac.

La plupart des villes de la Marche jouissaient à cette époque, depuis près d'un siècle, des libertés communales que Guéret ne devait obtenir de Jacques II de Bourbon qu'en 1406. Boussac fut affranchi plus tard encore (1427), par le maréchal de Brosse.

Lorsque Charles VII dut se rendre dans le Midi pour mettre fin à la révolte de la Praguerie à laquelle le Dauphin se trouvait mêlé, il fit un séjour de deux mois à Guéret, et c'est de là qu'il dirigea sur la ville de Chambon, occupée par des révoltés, ses troupes commandées par Xaintrailles et Bernard d'Armagnac. La ville fut prise et ses habitants durent à l'intervention du connétable Arthur de Richemont de n'être pas massacrés. Évaux ayant, comme Chambon, pris parti pour les rebelles, subit le même sort. Charles VII écrivit plusieurs fois de Guéret à la province du Dauphiné pour l'engager à ne pas embrasser la cause du Dauphin révolté. On voit encore dans cette ville la maison qui fut habitée par le roi de France; c'est un élégant édifice construit probablement sous Jacques II de Bourbon.

Sous Louis XI les trois États de la haute et de la basse Marche se réunirent à Guéret dans le but de s'entendre sur une imposition commune. C'est dans cette ville aussi que, sous Henri II, fut conclue la convention en vertu de laquelle le comté de la Marche était désormais affranchi de l'impôt du sel (1549).

La ville d'Aubusson devint une des principales forteresses de la Réforme. Si le massacre des protestants, le jour de la Saint-Barthélemy, ne fut pas exécuté dans la Marche, comme il le fut malheureusement sur maints autres points du royaume, cette province n'en fut pas moins victime du fanatisme religieux qui hantait les esprits à cette époque. La noblesse de la Marche, qui avait reçu l'ordre de veiller à la tranquillité publique, agit avec vigueur. Les troupes protestantes qui tentèrent de traverser ce territoire, et se risquèrent même à attaquer quelques-unes de ses forteresses, furent énergiquement poursuivies. Cependant les protestants n'osèrent pas s'attaquer à Guéret, dont les fortifications étaient solides; mais la ville d'Ahun fut sur le point d'être surprise et ne dut son salut qu'au courage de ses défenseurs et au sieur de Saint-Priest, gouverneur de la ville de Guéret, qui se mit à la poursuite des Calvinistes et trouva la mort dans cette expédition. Battus non loin d'Ahun, les protestants se réfugièrent dans Pontarion, où ils furent assiégés par le capitaine Mérigot et les sieurs Saint-Priest, de la Villeneuve, la Roche-Aymon, de Charron, et, au bout de trois jours, durent mettre bas les armes (1588).

Aux désordres provoqués par la guerre religieuse, qui ne cessa de désoler la province même après l'avènement de Henri IV, vinrent se joindre les ravages occasionnés par l'insurrection redoutable dite des Croquants (1592). La ville de Crocq devint la principale citadelle de ces paysans, qui, pressurés par le fisc, réduits à la plus profonde misère, prenaient les armes pour ne pas mourir de faim.

Tandis que le sud de la province était désolé par ces révoltés, que le duc d'Épernon et Bern de Lavalette ne devaient soumettre définitivement qu'en 1636, dans le nord et le centre du département les troubles de la Ligue ravivaient les haines religieuses. Guéret se déclarait pour la Ligue, et Foucaut de Saint-Germain qui, au nom du roi, tenait les principales villes fortes de la province, était obligé d'employer la force pour réduire ces nouveaux insurgés. Guéret n'ouvrit ses portes au grand prieur Charles d'Orléans que devant l'attitude résolue de ce général. Tandis qu'ils perdaient Guéret, les Ligueurs, commandés par le vicomte de la Guierche, échouaient devant Bellac, où devait s'arrêter Henri IV se rendant de Poitiers à Limoges (1605), et qu'à l'époque de la Fronde le duc de Longueville devait vainement assiéger; ils s'enfermaient ensuite dans Chénérailles et y soutenaient un siège qui dura près de huit mois.

Après la mort d'Henri IV, les protestants ne furent pas trop ouvertement persécutés; cependant ils furent obligés plus d'une fois d'implorer la justice des « Grands-Jours », tenus à Poitiers en 1654.

Lors de la révocation de l'édit de Nantes, les persécutions recommencèrent : le temple d'Aubusson fut démoli et transporté hors de la ville. Le marquis de Creil, intendant de Moulins (1685), fit exécuter avec rigueur les édits pris contre les protestants. Ces populations persécutées abandonnèrent la ville d'Aubusson, qui perdit ainsi ses plus riches, ses plus habiles fabricants, et ses ouvriers les plus adroits, que les Anglais s'empressaient de venir embaucher jusque dans les bourgs les plus reculés de la Marche. L'industrie si florissante des tapisseries fut à peu près ruinée à Aubusson et à Felletin; c'est seulement dans les premières années du dix-neuvième siècle que cette industrie commença à se relever.

Pendant le dix-huitième siècle, la province de la Marche atteignit un certain degré de prospérité sous l'administration paisible de ses intendants. Aucun évènement digne d'être rappelé ne s'y produisit, et elle partagea avec le Limousin l'avantage d'avoir pour intendant un homme comme Turgot, qui y introduisit les réformes qu'il devait essayer plus tard, comme ministre de Louis XVI, d'appliquer à la France entière. Elle jouit en outre du privilège d'être exemptée de l'impôt du sel, ce qui permettait à ses faux sauniers de faire entrer en contrebande de grandes quantités de sel dans le Berry et le Bourbonnais.

La Révolution de 1789, en abolissant les douanes intérieures, fit disparaître ces contrebandiers; et les réformes qu'elle introduisit dans le pays la fit accueillir par tous les habitants de la province avec la plus grande faveur. Pendant la période révolutionnaire aucun désordre, aucun conflit n'ensanglanta le département, et de nombreux volontaires se levèrent pour combattre les ennemis de la France et servirent avec honneur dans les armées de la République.

Grâce à sa situation, à son éloignement des frontières, la Creuse n'a pas eu à souffrir des invasions que la France doit au premier et au second Empire. Si son territoire n'est pas riche et si, par suite, un grand nombre de ses habitants est forcé d'émigrer chaque année pour quelques mois, on n'est pas attristé dans ce département par la vue des misères qui règnent dans la plupart des grandes cités.

VII. — Personnages célèbres.

Quatorzième siècle. — Jean de Brosse de Boussac, chambellan et maréchal de France sous Charles VII, né à Boussac (1375-1433).

Quinzième siècle. — Pierre d'Aubusson, l'un des plus illustres grands maîtres de l'ordre de Saint-Jean-de-Jérusalem, qui soutint, dans Rhodes, contre les Turcs, un siège mémorable de 89 jours ; originaire d'Aubusson (1423-1503).

Seizième siècle. — Pardoux Duprat, jurisconsulte, né à Aubusson (1520-1570).

Dix-septième siècle. — François l'Hermite, plus connu sous le nom de Tristan l'Hermite, poëte et auteur dramatique, né au château de Soliers (1601-1655). — Georges d'Aubusson, duc de la Feuillade, archevêque d'Embrun et de Metz, ambassadeur à Venise, à Madrid, prononça les oraisons funèbres de Mazarin et de Marie-Thérèse d'Autriche (1612-1697). — Antoine Varillas, fécond historien, oublié aujourd'hui, né à Guéret (1624-1696). — Le vicomte François d'Aubusson, duc de la Feuillade et de Roannais, frère de Georges, maréchal de France (1625-1691). — Le vicomte Louis d'Aubusson, duc de Roannais et de la Feuillade, fils du précédent, pair et maréchal de France (1673-1725).

Dix-huitième siècle. — Jean-François Baraillon, conventionnel et antiquaire, né à Viersat (1743-1816). — Le comte Joseph Cornudet des Chomettes, député et sénateur, né à Crocq (1752-1834). — Pierre-Paul Barraband, habile peintre d'oiseaux, né à Aubusson (1767-1809).

Dix-neuvième siècle. — Jacques-Honoré Lelarge, baron de Lourdeix, directeur des beaux-arts, sciences et lettres sous la Restauration, publiciste, un des écrivains les plus distingués de la *Gazette de France,* né au château de Beaufort (1787-1860).

VIII. — Population, langues, culte, instruction publique.

La *population* de la Creuse s'élève, d'après le recensement de 1876, à 278,423 habitants (134,271 du sexe masculin, 144,152 du sexe féminin). A ce point de vue, c'est le 69e département.

Le chiffre des habitants divisé par celui des hectares donne 50 habitants par 100 hectares ou par kilomètre carré; c'est ce qu'on nomme la *population spécifique.* Sous ce rapport, il est le 63e département. La France entière ayant 69 à 70 habitants par kilomètre carré, il en résulte que la Creuse renferme, à surface égale, 20 habitants de moins que l'ensemble de notre pays.

Depuis 1801, date du premier recensement officiel, le département de la Creuse a gagné 60,382 habitants.

Le français est compris et parlé dans tout le département; cependant un patois assez semblable au patois limousin y est usité surtout dans les campagnes. Le patois limousin, langue jadis illustre, qui a eu de glorieux et nombreux troubadours, a été formé du latin et du celtique, auxquels se sont mêlés quelques rares mots grecs. Quinze pour cent des mots sont kymriques, d'après Legodinec, un pour cent sanscrits, un et demi pour cent basques, sans compter les mots formés par les racines.

Il existe dans le département, d'après une monographie de M. le Dr Vincent publiée par l'*Annuaire de la Société des sciences naturelles et archéologiques de la Creuse,* trois variétés de patois: celui du nord ou berrichon, celui du midi ou limousin et celui de l'est ou auvergnat. Le patois du midi se distingue de celui du nord par l'emploi plus fréquent de l'*o* à la place de l'*a,* de *ou* pour *o;* par l'emploi du *b* pour le *v.* L'*e* muet français, conservé dans le patois du nord, est changé en *o* dans le midi, etc. Le patois en usage dans l'est se rapproche de celui du nord dans le quart de la région où il est parlé, et du patois du midi dans les trois autres quarts. Il se distingue spécialement des deux autres par le changement de *di du* en *gui gu* ; *ti, tu* en *qui quu* ; *ci si ti* en *chi chu* ; *ni nu* en *gni gnu* ; par la multiplicité de l's et du z euphoniques placés devant tous les mots qui commencent par une voyelle ; et enfin par l'allongement des syllabes.

Presque tous les habitants de la Creuse sont catholiques. On y compte à peine une centaine de protestants qui relèvent du consistoire de Saint-Étienne (Loire).

Le nombre des *naissances* a été, en 1879, de 6,598 (plus 134 mort-nés) ; celui des *décès*, de 4,738 ; celui des *mariages*, de 2,110.

La *vie moyenne* est de 39 ans 7 mois.

Le *lycée* de Guéret comptait en 1877 300 élèves ; le *collège d'Aubusson* une centaine au plus ; les *établissements d'instruction secondaire* (1 laïque et 2 ecclésiastiques), 272 élèves ; les 506 *écoles primaires*, 36,434 ; les 8 *salles d'asile*, 1,541. La Creuse est le 34ᵉ département pour le nombre des enfants qui fréquentent les écoles lequel s'élève au 15,3 0/0 de la population totale.

Le recensement des 1,568 jeunes gens de la classe de 1877 a donné les résultats suivants :

Ne sachant ni lire ni écrire	267
Sachant lire seulement	16
Sachant lire et écrire	1,255
Ayant reçu une instruction supérieure . . .	11
Dont on n'a pu vérifier l'instruction	19

Sur 15 accusés de crime, en 1877, on a compté :

Accusés ne sachant ni lire ni écrire	7
— sachant lire et écrire	7
— ayant reçu une instruction supérieure . .	1

IX. — Divisions administratives.

Le département de la Creuse forme, avec le département de la Haute-Vienne, le diocèse de Limoges (suffragant de Bourges). — Il ressortit : aux 1re, 2e et 3e subdivisions de la 12e région militaire (Limoges) ; — à la cour d'appel de Limoges ; — à l'Académie de Clermont ;—à la 12e légion (bis) de gendarmerie (Périgueux) ; — à la 4e inspection des ponts et chaussées ; — à la 29e conservation des forêts (Moulins) ; — à l'arrondissement minéralogique de Poitiers (division du Centre). — Il comprend 4 arrondissements (Aubusson, Bourganeuf, Boussac, Guéret), 25 cantons, 264 communes.

Chef-lieu du département : GUÉRET.

Chefs-lieux d'arrondissement : AUBUSSON, BOURGANEUF, BOUSSAC, GUÉRET.

Arrondissement d'Aubusson (10 cant.; 102 com.; 101,644 h.; 203,903 hect.).
Canton d'Aubusson (11 com.; 13,129 h.; 17,061 hect.). — Alleyrat — Aubusson — Blessac — Néoux — Rochette (La) — Saint-Alpinien — Saint-Amand — Saint-Avit-de-Tardes — Saint-Maixant — Saint-Marc-à-Frongier — Saint-Pardoux-le-Neuf.
Canton d'Auzances (11 com.; 9,415 h.; 18,050 hect.). — Auzances — Brousse — Bussière-Nouvelle — Chard — Châtelard — Compas (Le) — Dontreix — Lioux-les-Monges — Mars (Les) — Rougnat — Sermur.
Canton de Bellegarde (9 com.; 9,799 h.; 16,968 hect.). — Bellegarde — Bosroger — Champagnat — Chaussade (La) — Lupersat — Mainsat — Mautes — Saint-Domet — Saint-Silvain-Bellegarde.
Canton de Chénérailles (11 com.; 13,908 h.; 20,896 hect.). — Chauchet (Le) — Chénérailles — Issoudun — Lavaveix-les-Mines — Peyrat-la-Nonière — Puy-Malsignat — Saint-Chabrais — Saint-Dizier-la-Tour — Saint-Médard — Saint-Pardoux-les-Cards — Serre-Bussière-Vieille (La).
Canton de la Courtine (10 com.; 7,480 h.; 22,815 hect.). — Beissat — Clairavaux — Courtine (La) — Magnat — Malleret — Mas-d'Artige (Le) — Saint-Martial-le-Vieux — Saint-Merd-la-Breuille — Saint-Oradoux-de-Chirouze — Trucq (Le).
Canton de Crocq (13 com.; 10,676 h.; 26,276 hect.). — Basville — Celle-Barmontoise (La) — Crocq — Flayat — Mazière-aux-Bons-Hommes a) — Mérinchal — Saint-Agnant-près-Crocq — Saint-Bard — Saint-Georges-Nigremont — Saint-Maurice — Saint-Oradoux-près-Crocq — Laint-Pardoux-d'Arnet — Villeneuve (La).

Canton d'Évaux (9 com.; 10.562 h.; 20,906 hect.). — Arfeuille-Châtain — Chambonchard — Charron — Évaux — Fontanières — Reterre — Saint-Julien-la-Genête — Saint-Priest — Sannat.
Canton de Felletin (9 com.; 11,647 h.; 20,579 hect.). — Croze — Felletin — Moutier-Rozeille — Poussanges — Sainte-Feyre-la-Montagne — Saint-Frion — Saint-Quentin — Saint-Yrieix-la-Montagne — Vallières.
Canton de Gentioux (8 com.; 7,313 h.; 25,201 hect.). — Faux-la-Montagne — Féniers — Gentioux — Gioux — Nouaille (La) — Pigerolles — Saint-Marc-à-Loubaud — Villedieu (La).
Canton de Saint-Sulpice-les-Champs (11 com.; 7,712 h.; 15,150 hect.). — Ars — Banise — Chamberaud — Chavanat — Fransèches — Saint-Avit-le-Pauvre — Saint-Martial-le-Mont — Saint-Michel-de-Veisse — Saint-Sulpice-le-Donzeil — Saint-Sulpice-les-Champs — Sous-Parsat.

Arrondissement de Bourganeuf (4 cant.; 41 com.; 42,054 h.; 91,029 hect.).

Canton de Bénévent-l'Abbaye (10 com.; 10,035 h.; 19,151 hect.). — Arrênes — Augères — Aulon — Azat-Châtenet — Bénévent-l'Abbaye — Ceyroux — Châtelus-le-Marcheix — Marsac — Mourioux — Saint-Goussaud.
Canton de Bourganeuf (13 com.; 15,415 h.; 27,776 hect.). — Auriat — Bosmoreau — Bourganeuf — Faux-Mazuras — Mansat — Mérignat — Montboucher — Saint-Amand-Jartoudeix — Saint-Dizier — Saint-Martin-Sainte-Catherine — Saint-Pierre-Chérignat — Saint-Priest-Palus — Soubrebost.
Canton de Pontarion (10 com.; 9,894 h.; 19,746 hect.). — Chapelle-Saint-Martial (La) — Janaillat — Pontarion — Pouge (La) — Saint-Éloi — Saint-Georges-la-Pouge — Saint-Hilaire-le-Château — Sardent — Thauron — Vidaillat.
Canton de Royère (8 com.; 8,710 h.; 24,356 hect.). — Monteil-au-Vicomte (Le) — Morterolles — Royère — Saint-Junien-la-Brégère — Saint-Martin-Château — Saint-Moreil — Saint-Pardoux-Lavaud — Saint-Pierre-le-Bost.

Arrondissement de Boussac (4 cant.; 46 com.; 38,774 h.; 98,057 hect.).

Canton de Boussac (13 com.; 10,908 h.; 29,440 hect.). — Bord-Saint-Georges — Boussac — Boussac-Bourg — Bussière-Saint-Georges — Lavaufranche — Leyrat — Malleret — Nouzerines — Saint-Marien — Saint-Pierre-le-Bost — Saint-Silvain-Bas-le-Roc — Soumans — Toulx-Sainte-Croix.
Canton de Chambon (11 com.; 8,909 h.; 27,074 hect.). — Auge — Budelière — Chambon — Lépaud — Lussat — Nouhant — Saint-Julien-le-Châtel — Saint-Loup — Tardes — Verneiges — Viersat.
Canton de Châtelus-Malvaleix (10 com.; 11,411 h.; 23,026 hect.). — Bétête — Cellette (La) — Châtelus-Malvaleix — Clugnat — Genouillac — Jalesches — Nouziers — Roches — Saint-Dizier-les-Domaines — Tercillat.

Canton de Jarnages (12 com.; 7,546 h.; 18,497 hect.). — Blaudeix — Celle-sous-Gouzon (La) — Domeyrot — Forges (Les) — Gouzon — Gouzougnat — Jarnages — Parsac — Pierrefitte — Rimondeix — Saint-Silvain-sur-Toulx — Trois-Fonds.

Arrondissement de Guéret (7 cant.; 75 com.; 95,954 h.; 166,097 hect.).

Canton d'Ahun (11 com.; 10,855 h.; 19,827 hect.). — Ahun — Cressat — Lérinas — Maisonnisses — Mazeirat — Moutier-d'Ahun — Peyrabout — Pionnat — Saint-Hilaire-la-Plaine — Saint-Yrieix-les-Bois — Vigeville.

Canton de Bonnat (12 com.; 13,923 h.; 26,102 hect.). — Bonnat — Bourg-d'Hem (Le) — Chambon-Sainte-Croix — Champsanglard — Chéniers — Linard — Lourdoueix-Saint-Pierre — Malval — Méasnes — Mortroux — Moutier-Malcard — Nouzerolles.

Canton de Dun (13 com.; 16,227 h.; 27,524 hect.). — Celle-Dunoise (La) — Chapelle-Baloué (La) — Colondannes — Crozant — Dun — Fresselines — Lafat — Maison-Feyne — Naillat — Sagnat — Saint-Sébastien — Saint-Sulpice-le-Dunois — Villard.

Canton du Grand-Bourg (7 com.; 9.952 h.; 19,735 hect.). — Chamborand — Fleurat — Grand-Bourg (Le) — Lizières — Saint-Étienne-de-Fursac — Saint-Pierre-de-Fursac — Saint-Priest-la-Plaine.

Canton de Guéret (13 com.; 17,893 h.; 25,011 hect.). — Ajain — Chapelle-Taillefert (La) — Glénic — Guéret — Jouillat — Ladapeyre — Saint-Christophe — Sainte-Feyre — Saint-Fiel — Saint-Laurent — Saint-Victor — Saunière (La) — Savennes.

Canton de Saint-Vaury (9 com.; 11,418 h.; 21,154 hect.). — Anzême — Brionne (La) — Bussière-Dunoise — Gartempe — Montaigut-le-Blanc — Saint-Léger-le-Guérétois — Saint-Silvain-Montaigut — Saint-Sulpice-le-Guérétois — Saint-Vaury.

Canton de la Souterraine (10 com.; 15,686 h.; 27,344 hect.). — Azerables — Bazelat — Noth — Saint-Agnant-de-Versillat — Saint-Germain-Beaupré — Saint-Léger-Bridereix — Saint-Maurice — Saint-Priest-la-Feuille — Souterraine (La) — Vareilles.

X. — Agriculture ; productions.

Sur les 556,830 hectares du département, on compte :

Terres labourables.	265,539 hectares.
Vignes.	8
Bois et forêts.	34,800
Prairies naturelles et vergers.	78,414
Pâturages et pacages.	81,496
Terres incultes.	52,843
Superficies bâties, voies de transport, etc.	45,733

En 1877, on comptait dans le département : 5,662 chevaux, 169 mulets, 4,250 ânes, 23,736 bœufs et taureaux, 105,084 vaches et génisses, 13,000 veaux, 526,000 moutons de races du pays et 30,000 de races perfectionnées, 60,000 animaux de la race porcine, 5,500 chèvres, et 25,000 ruches ayant produit 108,000 kilogrammes de miel et 27,000 kilogrammes de cire. Les moutons ont donné 300,000 kilogrammes de laine, d'une valeur d'environ 540,000 francs.

Le département de la Creuse, formé de terrains primitifs et de roches schisteuses et granitiques, et dont le territoire, d'une altitude assez élevée, est découpé par un grand nombre de vallées étroites qui ont en général de 300 à 400 mètres de profondeur, ne peut pas être favorable au développement de l'industrie agricole. En effet, les plaines y sont rares et de peu d'étendue, et le sol, surtout dans la région méridionale, où l'on rencontre encore des landes dont la mise en culture est difficile, a peu de profondeur, est léger et stérile. Cependant les 150,000 hectares de prairies naturelles, de pâturages et pacages que renferme le département favorisent l'élevage du bétail, qui peut être regardé comme la source de revenus la plus abondante des agriculteurs de cette région.

Les terres les plus productives du département sont situées dans la partie nord qui avoisine le département de l'Indre, sur les points qui confinent au département de la Haute-Vienne, et enfin, au nord-est, sur une partie du canton de Chambon, arrosé par la Tardes et la Vouise.

Les races d'animaux domestiques n'ont rien de bien remarquable : les chevaux, en assez petit nombre (1,15 par kilomètre carré), de race limousine, sont cependant recherchés pour la cavalerie légère ; les ânes et les mulets, ces derniers en très petit nombre, sont d'une taille peu élevée ; les bêtes à cornes, au nombre de 31 par kilomètre carré, employées aux travaux agricoles, ou engraissées pour être expédiées à Paris, sont de moyenne taille et d'une race assez estimée ; les vaches des environs de Guéret fournissent un excellent beurre ; enfin, si les nombreux troupeaux de moutons (169 têtes par kilomètre carré ; la Creuse est le département qui possède le plus de moutons relativement à l'étendue de son territoire) qui peuplent les vastes pâturages couvrant plus de la moitié du département, ne donnent pas une laine d'une qualité supérieure, la chair de ces moutons est assez appréciée. Ajoutons enfin que dans toutes les fermes on engraisse des porcs en assez grand nombre pour que les animaux de cette race donnent lieu dans le département à un commerce d'exportation d'une certaine importance.

La faune sauvage est nombreuse et variée, aussi le gibier y est-il abondant et le sanglier même n'est pas rare dans les bois, où se rencontrent encore des loups et des renards. Les rivières sont poissonneuses : toutes les espèces de poissons que l'on trouve en France prospèrent dans leurs eaux ; on y pêche spécialement des lamproies et des saumons, et, dans le Taurion, une espèce de petite truite dont la chair est très délicate. Certains étangs des environs de la Souterraine donnent des sangsues expédiées à Paris.

Le département a produit, en 1877, 114,660 hectolitres de froment (quantité insuffisante pour sa consommation, et seulement 84,659 en 1880), 961,260 de seigle, 24,060 d'orge, 134,300 de sarrasin, 212,100 d'avoine, 1,007,300 de pommes de terre, 11,000 de légumes secs, 24,400 de châtaignes, 7,940 quintaux métriques de chanvre, 500,000 kilogrammes d'huile de chènevis, 6,980 hectolitres de colza, dont une partie a produit 20,000 kilogrammes d'huile, 320 hectolitres de vins (79 en 1880) et 2483 hectolitres de cidre en 1880. Les bois ont donné 9,788 mètres cubes de bois d'œuvre et 101,544 de bois à brûler, soit 2,940 mètres cubes par hectare. Les merrains qui en proviennent sont exportés en assez grande quantité dans le département de la Charente. Les *forêts* et les bois les plus importants sont : la forêt de Châteauvert, au sud de Saint-Oradoux-de-Chirouze ; la forêt de Magnat, celle de Mérignat, à laquelle se rattachent les bois de Faye-Froide et du Grès ; la forêt de Fayant, à l'ouest de Verneiges ; celle de Blessac, à l'ouest d'Alleyrat ; enfin les bois de Chauverne-Neyre, à l'ouest de Saint-Dizier ; de Châtres, près d'Aubusson, etc.

Il résulte de cette statistique que le seigle est la principale des récoltes ; l'avoine, le sarrasin, les pommes de terre viennent ensuite. Les céréales sont semées sur les terrains en pente ; c'est Bellac qui produit le froment le plus estimé. Enfin on cultive partout un excellent navet rond ou rave, connu dans le pays sous le nom de *rabole*.

S'il n'y a pas de grandes prairies dans le département, on y trouve des prés excellents aux environs de Guéret, d'Ahun, de Felletin, d'Auzances, de Jarnage, d'Évaux, etc. Les arbres à fruit y réussissent très bien : le châtaignier, le noyer et le cerisier sont les arbres à fruit les plus répandus ; cependant on y cultive aussi beaucoup de pêchers, d'abricotiers, de poiriers et de pommiers. Les fruits à pépins du canton de Sainte-Feyre sont les plus précoces et les plus renommés.

Si la valeur des propriétés rurales est loin d'être aussi élevée dans la Creuse que dans les départements plus favorisés sous le rapport industriel et agricole, les terres cultivables y atteignent cependant un chiffre hors de proportion avec la richesse apparente du pays. Cette anomalie s'explique par ce fait qu'environ 35 000 habitants de la Creuse s'éloignent pendant huit à neuf mois de l'année pour travailler comme maçons, charpentiers, tailleurs de pierre, scieurs de long, paveurs, etc., soit à Paris, soit dans les autres villes importantes de la région. Ils rentrent ensuite chez eux avec des économies qui peuvent être évaluées au chiffre de 4 à 5 millions de francs, entièrement employés par ces ouvriers laborieux à l'acquisition de propriétés rurales.

Le département possède une ferme-modèle à Remirand, près d'Évaux, et une ferme-école à la Villeneuve, près de Vallières.

XI. — Industrie : produits minéraux.

Le département de la Creuse est moins favorisé encore sous le rapport industriel que sous le rapport agricole, bien qu'il possède quelques manufactures, comme celles d'Aubusson et de Felletin, dont la renommée est européenne. Il ne faut pas s'étonner aussi qu'il occupe seulement le 81e rang au budget des recettes de l'impôt, et le 76e pour le chiffre des affaires de la succursale de la Banque de France d'Aubusson.

Ses richesses minérales, qui consistent presque exclusivement dans des gisements houillers assez riches, sont l'objet d'exploitations importantes. Les mines de **houille** sont comprises dans cinq concessions, embrassant ensemble une superficie de 2,374 hectares. La concession la plus étendue est celle d'*Ahun-sud*, qui s'étend sur les communes d'Ahun, de Saint-Martial-le-Mont, de Saint-Pardoux-les-Cards et de Saint-Médard (1,227 hectares). La 2e concession est celle d'*Ahun-nord*, qui s'étend sur les communes du Moutier-d'Ahun, de Saint-Martial-le-Mont, de Saint-Pardoux-les-Cards et de Lavaveix-les-Mines (805 hectares). La 3e concession, celle de *Bosmoreau*, embrasse une partie des communes de Bosmoreau, Thauron et Saint-Dizier (664 hectares). La 4e, celle de *Bouzogles*, s'étend sur les communes de Bourganeuf, de Saint-Junien-la-Brégère et de Faux-Mazuras (256 hectares). Le produit total de tous ces centres d'exploitation a été, en 1879, de 170,338 tonnes, chiffre légèrement supérieur à celui de 1878 qui était de 169,700 tonnes. Dans le premier semestre de 1881 le nombre de tonnes a été de 84,108. — Enfin il existe des *tourbières* à Royère.

Les autres produits minéraux sont : l'*étain* et le *wolfram*, dont la concession, de 4,154 hectares, s'étend sur une partie de la commune de Treignat (Allier) et sur le territoire de Soumans, Lavaufranche, Toulx-Sainte-Croix, Saint-Silvain-Bas-le-Roc, Boussac et Leyrat ; —

le *fer*, qui comprend une seule concession, celle de *Bosmoreau* (604 hectares), occupant une partie du territoire de cette commune et de celles de Thauron et de Saint-Dizier; — le *plomb argentifère*, dont la concession, celle de *Mornat* (302 hectares), embrasse une partie des communes de Saint-Pardoux-les-Cards et du Moutier-d'Ahun; — le *kaolin*, que l'on extrait à Janaillat, et le *plâtre*, à Gouzon, etc. Le département fournit aussi, mais en faible quantité, de l'antimoine, du cuivre, du manganèse, et l'on trouve sur divers points de son territoire des carrières de granit, de pierres de taille fines et de la terre à poterie.

Plusieurs sources minérales jaillissent sur le territoire; mais celles d'Évaux sont seules exploitées. Les **eaux d'Évaux**, qui sourdent par 18 sources, sont sulfatées, sodiques, azotées et ferrugineuses. Leur température est variable; les plus chaudes, celles du *puits de César*, marquent 56°7; les plus froides, celles de la source *Triangulaire*, n'atteignent pas tout à fait 29°. Elles sont efficaces pour la guérison des rhumatismes fibreux ou musculaires, des vieux ulcères, des engorgements articulaires indolents, des tumeurs scrofuleuses, des maladies cutanées, des gastrites, entérites chroniques, des chloroses et des paralysies indépendantes des dispositions apoplectiques.

Les industries les plus importantes du département sont celles qui emploient la laine pour matière première. Citons au premier rang les **manufactures de tapisseries d'Aubusson**, qui, au nombre de 14 à 15, occupent plus de 2000 ouvriers et dont les produits rivalisent avec ceux des Gobelins et de Beauvais. On fabrique non seulement à Aubusson des tapisseries pour meubles, mais encore des tapis ras, des moquettes, oursins, jaspées, veloutées, imprimées, et des carpettes. Il existe à Felletin, qui après Aubusson est la seconde ville industrielle du département, des fabriques de tapisseries fines, cinq fabriques de tapis ras et veloutés, à rouleaux et de moquettes. Ces deux villes renferment des *filatures de laine*. On fabrique des *draps* (environ 500 métiers, dont 128 mécaniques) à Aubusson (draps, couvertures et droguets), Chamborand et Saint-Dizier (droguets). Cette dernière ville possède des *carderies de laine*. La *laine* est *filée* à Aubusson, Felletin et Rougnat (ensemble 2500 broches).

Les autres industries du pays sont, par ordre alphabétique, les suivantes : on fabrique des *balances* à Bourganeuf; des *billards* à la Souterraine; des *bougies* à Châtelus-Malvaleix; de la *bière* à Guéret, Bénévent-l'Abbaye et la Souterraine; des objets de *carrosserie* à Boussac, Bourganeuf, Châtelus-Malvaleix, Guéret et la Souterraine;

Aubusson.

des *chandelles* à Bénévent-l'Abbaye, Châtelus-Malvaleix et la Souterraine ; des *toiles de chanvre* (filé à Néoux) à Bourganeuf et à la Souterraine ; des *chapeaux* à Aubusson, Auzances et Bourganeuf, où cette industrie a pris une grande importance. La *cire* est blanchie à Bourganeuf et à la Souterraine. On fabrique des *clous* à Ahun, Bonnat, Boussac et Crocq. Il y a des *confiseries* à Bourganeuf et à Felletin ; des ateliers de *corroieries* à Bénévent-l'Abbaye, Felletin et Guéret ; des *distilleries* et des fabriques de liqueurs à Boussac ; des *fonderies* (2e fusion) à Saint-Morel et à la Souterraine ; des *huileries* à Évaux ; des *imprimeries* à Aubusson, Bourganeuf, Chambon et Guéret ; des *filatures de lin* à Bénévent-l'Abbaye ; des ateliers de *construction de machines* à Auzances, Bénévent-l'Abbaye, Crocq et la Souterraine ; cette dernière commune compte quatre fabriques de *meubles*. On taille des *meules de moulin* à Boussac. Des *minoteries*, au nombre d'environ 14, fonctionnent à Aubusson, Chambon, la Rochette, la Brionne, au Grand-Bourg, à Malleret, au Moutier-d'Ahun, à Pontarion et au Villard. Les *moulins* sont plus nombreux encore : on en compte six à Clugnat, quatre dans chacune des communes de Genouillat, Felletin et à la Souterraine, et un ou deux dans celles d'Auge, de Boussac, de Châtelus, de Crocq, de la Cellette et de Nouziers. Il existe à Bourganeuf trois *papeteries*, qui fabriquent annuellement environ 8000 à 9000 quintaux métriques de papier d'une valeur approximative de 250,000 à 300,000 francs. Bourganeuf possède aussi les seules manufactures de *porcelaine* du département, et Aubusson a quelques fabriques de *poteries* ordinaires.

La fabrication des *sabots* occupe des bras nombreux, surtout à Guéret, Évaux, la Souterraine, Felletin, Aubusson, Crocq, Bénévent-l'Abbaye, etc. Le bois pour *placage* est préparé dans la *scierie* de Saint-Vaury.

Les *taillanderies* sont nombreuses à la Souterraine ; on en trouve aussi à Bourganeuf, Boussac et Châtelus. Chambon possède le plus grand nombre de *tanneries* ; on en compte quelques-unes aussi à Bénévent-l'Abbaye, Auzances, Aubusson et Felletin. Le *tan* est préparé à la Souterraine. Les draperies et autres étoffes sont teintes dans les *teintureries* d'Aubusson, d'Évaux, de Felletin, Bourganeuf et Crocq. La Souterraine a plusieurs *tourneries* d'objets en bois. Enfin on trouve quelques *tuileries* à Bourganeuf, Genouillat, la Cellette, Malleret, Sardent et Sannat ; des *vanneries* à Guéret et une *verrerie* à Lavaveix-les-Mines, qui a produit, en 1877, 18,000 quintaux métriques de verre, d'une valeur d'environ 252,000 francs.

Viaduc du Busseau-d'Ahun.

XII. — Commerce, chemins de fer, routes.

La Creuse *exporte* des tapis, des moquettes, des tapisseries pour ameublement, des draps, des couvertures, des droguets, des chapeaux de feutre, du papier, de la porcelaine, et les produits de son industrie agricole : du miel, de la cire, des merrains, de la laine, des moutons, des bœufs, des porcs, etc.

Le département *importe* de la houille, fournie par les bassins de Commentry (4500 quintaux) et de Belgique (900 à 1000 quintaux seulement), la houille extraite des mines d'Ahun et de Bourganeuf étant en partie exportée dans les départements voisins. Il importe, en outre, des grains, du vin, des matières premières pour ses filatures et ses manufactures de tapis ; du houblon pour ses brasseries ; des articles d'horlogerie, d'ébénisterie, de mode, d'épicerie, de librairie ; des denrées coloniales ; des nouveautés, etc.

Le département de la Creuse est traversé par trois chemins de fer, d'un développement total de 139 kilomètres.

1° Le chemin de fer *de Paris à Toulouse* passe du département de l'Indre dans celui de la Creuse, entre la station d'Eguzon et celle de Saint-Sébastien. Il dessert Saint-Sébastien, Forgevieille et la Souterraine. Au delà, il entre dans la Haute-Vienne. Parcours, 28 kilomètres.

2° La ligne *de Saint-Sulpice-Laurière à Montluçon* s'embranche sur le chemin de fer de Paris à Toulouse. Après un parcours de 7 kilomètres dans la Haute-Vienne, elle entre dans le département de la Creuse et y dessert les stations de Marsac, Vieilleville, Montaigut, la Brionne, Guéret, Sainte-Feyre, le Busseau-d'Ahun, Cressat, Parsac, Chanon et Lavaufranche ; après cette dernière station, elle entre dans le département de l'Allier. Parcours, 86 kilomètres.

3° L'embranchement *du Busseau-d'Ahun à Aubusson* se détache de la ligne précédente au Busseau-d'Ahun et dessert les stations de Lavaveix-les-Mines, Fourneaux et Aubusson. Parcours, 25 kilomètres.

Les chemins de fer de Vieilleville à Bourganeuf et d'Aubusson à Felletin, de Saint-Sébastien à Guéret sont en construction. Les lignes de Felletin à Ussel, de Montluçon à Eygurande par Auzances, d'Évaux à Lavaufranche et à la Châtre par Boussac, et enfin de Bourganeuf à Felletin ne sont encore qu'à l'état de projet.

Les voies de communication comptent 5,161 kilomètres, savoir :

3 chemins de fer. . . . . 139 kil.

9 routes nationales.	338
16 routes départementales.	414

855 chemins vicinaux. . . .	30 de grande communication. . . . . 935 40 de moyenne communication. . . . . 964 785 de petite communication. 2,371	4.270

XIII. — Dictionnaire des communes.

Agnant-de-Versillat (Saint-). 2,040 h., c. de la Souterraine. ⇒ Église romane du XIIIᵉ s. — Dans le cimetière, lanterne des morts (XIIᵉ s.).

Agnant-près-Crocq (Saint-) 1,160 h., c. de Crocq.

Ahun, 2,369 h., ch.-l. de c. de l'arrond. de Guéret, sur une colline dominant la Creuse. ⇒ Église romane, en partie du XIIᵉ s., renfermant une belle *pietà* du XVᵉ s. à six personnages. — Château féodal de la Chezotte, à 5 kil. O. — Au Busseau-d'Ahun, magnifique viaduc de 56 mèt. de hauteur et de 300 mèt. de longueur.

Ajain, 1,974 h., c. de Guéret. ⇒ Église du XIIIᵉ s.; façade fortifiée.

Alleyrat, 350 h., c. d'Aubusson.

Alpinien (Saint-). 762 h., c. d'Aubusson. ⇒ Église du XIIᵉ s., en partie remaniée; magnifique croix en granit, dont le fût est entouré d'une guirlande de feuillage vigoureusement sculptée.

Amand (Saint-), 590 h., c. d'Aubusson. ⇒ Château du Fot. — Gorge pittoresque.

Amand-Jartoudeix (Saint-), 714 h., c. de Bourganeuf.

Anzême, 1,415 h., c. de Saint-Vaury. ⇒ Pont ogival d'une seule arche, sur la Creuse. — Belles falaises de granit.

Arfeuille-Châtain, 1,048 h., c. d'Évaux. ⇒ Ancien château.

Arrênes, 1,077 h., c. de Bénévent-l'Abbaye. ⇒ Église du XVᵉ s.; baies ogivales élégamment décorées.

Ars, 1,015 h., c. de Saint-Sulpice-les-Champs. ⇒ Église des XIVᵉ et XVᵉ s.

Aubusson, 6.847 h., ch.-l. d'arrond., situé à 450 mèt. d'altitude, au confluent de la Creuse et de deux ruisseaux. ⇒ Maisons des XVᵉ et XVIᵉ s. — Ruines d'un château du XIᵉ s. — Gorges pittoresques de la Creuse.

Auge, 371 h., c. de Chambon.

Augères, 516 h., c. de Bénévent-l'Abbaye.

Aulon, 562 h., c. de Bénévent-l'Abbaye.

Auriat, 801 h., c. de Bourganeuf.

Auzances, 1,246 h., ch.-l. de c. de l'arrond. d'Aubusson, dominant le ruisseau de l'Étang-Neuf. ⇒ Église en partie romane, en partie ogivale; au-dessus du maître-autel, est une *Descente de Croix*, excellente copie du chef-d'œuvre de Daniel de Volterre.

Avit-de-Tardes (Saint-), 680 h., c. d'Aubusson. ⇒ Château ruiné.

Avit-le-Pauvre (Saint-), 501 h., c. de Saint-Sulpice-les-Champs.

Azat-Châtenet, 490 h., c. de Bénévent-l'Abbaye.

Azerables, 2.072 h., c. de la Souterraine. ⇒ Tumulus de 132 mèt. de circonférence, entouré d'un fossé. — Tumuli du Theil, de la Masure. — Dolmen de la Croix-de-Genest. — Église du XIIIᵉ s. — Château ruiné de Montjoin (chapelle du XVᵉ s.).

Banise, 586 h., c. de Saint-Sulpice-les-Champs.

Bard (Saint-), 375 h., c. de Crocq.

Basville, 704 h., c. de Crocq. ⇒ Église du XVᵉ s.

Bazelat. 810 h., c. de la Souterraine. »—→ Église en partie romane. — Tumuli.

Beissat, 458 h., c. de la Courtine.

Bellegarde, 728 h., ch.-l. de c. de l'arrond. d'Aubusson. »—→ Tour, reste de l'enceinte fortifiée. — Maisons des xvi⁰ et xvii⁰ s. — Dans l'église, bon tableau, l'*Adoration des Mages*.

Bénévent-l'Abbaye, 1,712 h., ch.-l. de c. de l'arr. de Bourganeuf, entre l'Ardour et un étang traversé par la Gartempe. »—→ Église romane à deux clochers (mon. hist.), dont l'un s'élève au centre du transept, sur une coupole. Les écoles sont dans l'ancienne abbaye.

Bétête, 1,080 h., c. de Châtelus-Malvaleix. »—→ Dans l'église, belle croix émaillée des xii⁰ et xiv⁰ s. —Belles ruines de l'abbaye de Prébenoît.

Blaudeix, 450 h., c. de Jarnages. »—→ Église du xiii⁰ s.

Blessac, 555 h., c. d'Aubusson. »—→ Couvent de l'ordre de Fontevrault, dont les bâtiments datent des xvii⁰ et xviii⁰ s. — Plusieurs dolmens.

Bonnat, 2,676 h., ch.-l. de c. de l'arrond. de Guéret. »—→ Église fortifiée du xiii⁰ ou du xiv⁰ s. — Château de Beauvoir; lions en pierre, du moyen âge. — Tumuli au ham. de Pouzoux.

Bord-Saint-Georges, 1,067 h., c. de Boussac. »—→ Souterrains.

Bosmoreau, 507 h., c. de Bourganeuf. »—→ Croix sculptée.

Bosroger, 354 h., c. de Bellegarde.

Bourganeuf, 5,620 h., ch.-l. d'arrond., sur un plateau dominant les vallées du Taurion et de la Gane-Molle, à 449 mèt. »—→ *Église* de la fin du xii⁰ s. et du milieu du xv⁰. — Tour ronde, dite *tour de Zizim*, qui aurait servi de prison à Zizim, frère du sultan Bajazet II. — Chapelle moderne (style du xiii⁰ s.) de *Notre-Dame-du-Puy*. — Environs pittoresques: vallée du Taurion.

Bourg-d'Hem (Le), 958 h., c. de Bonnat.

Boussac, 1,046 h., ch.-l. d'arrond., situé à 386 mèt., au confluent de la petite Creuse et du Béroux. »—→ Sur un rocher à pic au bord de la petite Creuse, château rebâti en partie au xv⁰ s.; immense salle des gardes, cheminées de 5 mèt. d'ouverture et de hauteur. Dans ce château, qui sert de sous-préfecture, tapisseries flamandes du xv⁰ s. (mon. hist.); les autres pièces de cette tenture sont à l'hôtel de ville. — Restes de l'enceinte fortifiée; vieille porte de ville. — Environs très pittoresques.

Boussac-Bourg, 1,252 h., c. de Boussac. »—→ Église romane ruinée: restes de peintures murales du xii⁰ s.

Brionne (La), 514 h., c. de Saint-Vaury.

Brousse, 130 h., c. d'Auzances.

Budelière, 809 h., c. de Chambon. »—→ Dans l'église, cippe gallo-romain servant de bénitier.

Busseau-d'Ahun (Le). V. Ahun.

Bussière-Dunoise, 2,763 h., c. de Saint-Vaury.

Bussière-Nouvelle, 402 h., c. d'Auzances.

Bussière-Saint-Georges, 726 h., c. de Boussac.

Celle-Barmontoise (La), 666 h., c. de Crocq.

Celle-Dunoise (La), 1,902 h., c. de Dun.

Celle-sous-Gouzon (La), 345 h., c. de Jarnages.

Cellette (La), 885 h., c. de Châtelus-Malvaleix.

Ceyroux, 621 h., c. de Bénévent-l'Abbaye.

Chabrais (Saint-), 1,205 h., c. de Chénérailles. »—→ A Estansannes, élégant petit château du xvi⁰ s.

Chamberaud, 369 h., c. de Saint-Sulpice-les-Champs. »—→ Église, reste d'une ancienne commanderie de Malte; vitraux du xiv⁰ s. — Château ruiné.

Chambon, 2,198 h., ch.-l. de c. de l'arrond. de Bourganeuf et siège du tribunal de première instance de l'arrondissement, pittoresquement situé au confluent de la Tardes et de la Voueyse, 350 et 420 mèt. d'alt. »—→ Belle église (mon. hist.) en partie du xi⁰ s., en partie du style roman de transition; deux tours carrées; buste en argent, orné d'émaux et contenant les reliques de sainte Valérie.

Chambon-Sainte-Croix, 265 h., c. de Bonnat.

Chambonchard, 421 h., c. d'Évaux.

Chamborand, 760 h., c. du Grand-Bourg. »—→ Haute tour carrée ; restes de fortifications.

Champagnat, 1,616 h., c. de Bellegarde. »—→ Église, autrefois fortifiée, de la fin du XIII° s — Nombreuses antiquités gallo-romaines — Château de Peyrudette (chapelle du XV° s.). — Menhir dit la *Femme-Morte*. — Belle croix en pierre sculptée de 1524.

Champsanglard, 809 h., c. de Bonnat

Église de Bénévent.

Chapelle-Baloué (La), 591 h., c. de Dun.

Chapelle-Saint-Martial (La), 582 h., c. de Pontarion. »—→ Débris romains importants à la Vedreune. — Tumulus.

Chapelle-Taillefert (La), 744 h., c. de Guéret.

Chard, 657 h., c. d'Auzances. »—→ Ancien château ; belles boiseries du XVII° s. et nombreuses tapisseries anciennes d'Aubusson et de Felletin.

Charron, 1.275 h., c. d'Évaux.

Châtelard, 153 h., c. d'Auzances.

Châtelus-le-Marcheix, 1,748h., c. de Bénévent-l'Abbaye. »—→ Château ruiné

Châtelus-Malvaleix, 1,447 h., ch.-l. de c. de l'arrond. de Boussac, sur un affluent de la Petite-Creuse. ⟶ Dans l'église, beau bas-relief en albâtre du commencement du xiv° s., représentant des scènes de la Passion. — Maison du xiv° s. — Aux Pinards, tilleul dont la partie du tronc la plus étroite a 7 mèt. de circonférence. — Au champs des Quatre-Piliers (518 mèt.), vue très étendue. — Excavation artificielle au château de Fayolle.

Chauchet (Le), 436 h., c. de Chénérailles.

Chaussade (La), 298 h., c. de Bellegarde.

Chavanat, 601 h., c. de Saint-Sulpice-les-Champs.

Chénérailles, 1,076 h., ch.-l. de c. de l'arrond. d'Aubusson. ⟶ Dans l'église, tombeau (mon. hist.) sculpté, de l'an 1300.

Chéniers, 1,790 h., c. de Bonnat. ⟶ Église du xiv° s., porche élégant, curieux chapiteaux.

Christophe (Saint-), 270 h., c. de Guéret.

Clairavaux, 767 h., c. de la Courtine.

Clugnat, 2,191 h., c. de Châtelus-Malvaleix.

Colondannes, 608 h., c. de Dun.

Compas (Le), 852 h., c. d'Auzances.

Courtine (La), 1,010 h., ch.-l. de c. de l'arrond. d'Aubusson, sur une colline dominant un affluent de la Diège.

Cressat, 1,665 h., c. d'Ahun. ⟶ Église romane du xiii° s.

Crocq, 1,046 h., ch.-l. de c. de l'arrond. d'Aubusson, sur une colline dominant la Tardes. ⟶ Restes des fortifications; deux tours romanes et courtine du xi° s. — Église moderne; peinture sur bois du xv° s., représentant dans sept panneaux la légende de saint Éloi. — Dolmen dans les landes d'Urbe.

Crozant, 1.452 h., c. de Dun. ⟶ Sur un rocher dominant la Creuse et a Sedelle, ruines d'un château démoli par Richelieu; restes des murailles et tours des xi° et xii° s.; donjon cylindrique et belle tour ronde du xiii° s. — Église dont le chœur est intéressant.

Croze, 924 h., c. de Felletin.

Dizier (Saint-), 2,393 h., c. de Bourganeuf. ⟶ Église du xiii° s.

Dizier-la-Tour (Saint-), 668 h., c. de Chénérailles. ⟶ Château d'Orgnat; belles tapisseries d'Aubusson antérieures à la Révolution. — A la tour Saint-Austrille, 3 tombelles.

Dizier-les-Domaines (Saint-), 839 h., c. de Châtelus-Malvaleix.

Domet (Saint-), 921 h., c. de Bellegarde. ⟶ Église en grande partie du xiii° s.; trésor riche en émaux anciens. — Restes de la commanderie de la Croix-au-Bost.

Domeyrot, 1,022 h., c. de Jarnages.

Dontreix, 2,204 h., c. d'Auzances. ⟶ Église romane de transition. — Château de Matroux.

Dun, 1,618 h., ch.-l. de c. de l'arrond. de Guéret, à 2 kil. de la Brézentine. ⟶ Beau dolmen, près de la Valette.

Éloi (Saint-), 750 h., c. de Pontarion. ⟶ A Drouilles, deux tumuli celtiques. — A Mont-Pigeau, camp de César, retranchements celtiques.

Étienne-de-Fursac (Saint-), 2,170 h., c. du Grand-Bourg. ⟶ Église en partie du xv° s. — A Paulhac, église avec chapelle (xv° s.) d'une ancienne commanderie de Templiers.

Évaux, 2,967 h., ch.-l. de c. de l'arrond. d'Aubusson, sur une colline dominant un affluent de la Tardes. ⟶ Église (mon. hist.); nef du xiv° s., chœur et bas-côtés de 1658; belle copie du *Martyre de Saint-Pierre* d'après le Guide; deux statues du xiii° s.; belles boiseries du xvii° s.; châsse (xvii° s.) de saint Marien. — Restes curieux de thermes romains (mon. hist.) à l'établissement thermal.

Faux-la-Montagne, 1,920 h., c. de Gentioux. ⟶ Château ruiné de la Feuillade. — Immense dolmen de Laudorat.

Faux-Mazuras, 614 h., c. de Bourganeuf.

Felletin, 3,225 h., ch.-l. de c. de l'arrond. d'Aubusson, sur une colline dominant la Creuse. ⟶ Église de 1451; clocher couvert de sculptures. —

Chambon.

Église du château (xvi⁰ s.). — Maisons à croisées sculptées. — Dans le cimetière d'un faubourg, lanterne des morts octogonale de 7 mèt. de haut. — Dolmen de la Cabane de César. — Château d'Arfeuille.

Féniers, 450 h., c. de Gentioux. ⋙→ Chapelle d'une commanderie de Malte.

Feyre (Sainte-), 1,761 h., c. de Guéret. ⋙→ Sur le Puy-de-Gaudy (belle vue), pierres mégalithiques; traces d'un oppidum gaulois (vitrifications) et d'un fort romain en forme de tour de 20 mèt. de diamètre; chapelle ruinée, tombeaux du xii⁰ et du xiii⁰ s. — Château ruiné de las Peyres.

Église de Felletin.

Feyre-la-Montagne (Sainte-), 527 h., c. de Felletin.
Fiel (Saint-), 597 h., c. de Guéret.
Flayat, 982 h., c. de Crocq.
Fleurat, 744 h., c. du Grand-Bourg.
Fontanières, 808 h., c. d'Évaux. ⋙→ Château de la Renaissance à Salvert.

Forges (Les), 145 h., c. de Jarnages.
Fransèches, 1,052 h., c. de Saint-Sulpice-les-Champs.
Fresselines, 1,981 h., c. de Dun.
Frion (Saint-), 810 h., c. de Felletin. ⋙→ A Saint-Antoine, église d'une commanderie de Saint-Antoine; cha-

Châtelus-Malvaleix.

pelle du xv⁰ s. avec tourelle élégante ; la claire-voie en granit rose s'ouvrant sur le chœur, est délicatement sculptée ; joli tombeau ogival.

Gartempe, 559 h., c. de Saint-Vaury.

Genouillac, 1,630 h., c. de Châtelus-Malvaleix. ⟶ Église fortifiée du xiv⁰ s.

Gentioux, 1,426 h., ch.-l. de c. de l'arrond. d'Aubusson, situé près des sources de la Maulde. ⟶ Croix en pierre sculptée.

Georges-la-Pouge (Saint-), 1.187 h., c. de Pontarion. ⟶ Dolmen (5 mèt. sur 3) à Ponsat.

Georges-Nigremont (Saint-),1,424 h., c. de Crocq. ⟶ Croix sculptée à Pont-Charraud.

Germain-Beaupré (Saint-), 778 h., c. de la Souterraine. ⟶ Restes de l'ancien château dont il ne reste que les écuries voûtées et un corps de bâtiment flanqué d'une tour, au-dessus des cachots.

Gioux, 1,041 h., c. de Gentioux.

Glénic, 1,577 h., c. de Guéret. ⟶ Église jadis fortifiée.

Goussaud (Saint-), 1,068 h., c. de Bénévent-l'Abbaye. ⟶ Lanterne des morts du xiii⁰ s., dans l'ancien cimetière. — Débris romains sur le Mont-Juvis. — Excavation creusée de main d'homme.

Gouzon, 1,438 h., c. de Jarnages. ⟶ Église du xiii⁰ s.

Gouzougnat, 333 h., c. de Jarnages.

Grand-Bourg (Le), 3,202 h., ch.-l. de c. de l'arrond. de Guéret, près de la Gartempe. ⟶ Dans l'église, du xiii⁰ s., tombeau de son fondateur, maître Gérard ; chapelle (xv⁰ s.) seigneuriale des Sauzet ; devant la porte, bloc de granit circulaire ayant servi de montoir. — A Salagnac, château ruiné ayant appartenu au maréchal de Xaintrailles. — Restes gallo-romains. — Tumulus de la Barde, près des ruines du château de ce nom.

Guéret, 5,859 h., ch.-l. du département, au pied du Maupuy (686 mèt.). ⟶ Édifice appelé improprement *Hôtel des comtes de la Marche*, dont l'aile droite est du xv⁰ s. et l'aile gauche du xvi⁰ ; la première présente un péristyle ouvert à arcades cintrées, conduisant à un bel escalier surmonté d'un donjon ; la partie centrale de l'édifice est percée de grandes fenêtres à croisillons ornés de riches moulures à l'étage supérieur avec gables, crochets et clochetons. Dans une salle, immense cheminée sculptée aux armes de la maison de Bourbon. — *Maison forte*, dans la rue Sénéchal ; dans la cour d'une maison de la Grande-Rue, très belle porte du style gothique fleuri. — *Musée*, dans les bâtiments de l'hôtel de ville : collections de la faune et de la flore de la Creuse. — A Châteauvieux, au N., restes de murs gaulois vitrifiés.

Hilaire-la Plaine (Saint-), 493 h., c. d'Ahun.

Hilaire-le-Château (Saint-), 910 h., c. de Pontarion. ⟶ Église du style ogival.

Issoudun, 1,117 h., c. de Chénérailles. ⟶ Débris d'antiquités romaines ; cippe, près de l'église.

Jalesches, 458 h., c. de Châtelus-Malvaleix.

Janaillat, 1,616 h., c. de Pontarion. ⟶ Ruines du château du Soulier, qui a vu naître le poëte Tristan l'Hermite et son frère, le généalogiste, J.-B. l'Hermite.

Jarnages, 755 h., ch.-l. de c. de l'arrond. de Bourganeuf, sur un affluent du Véraux. ⟶ Église des xii⁰ et xv⁰ s.

Jouillat, 1,405 h., c. de Guéret. ⟶ Église : nef ogivale ; abside du xii⁰ s. — Devant la porte de l'église est un de ces lions de pierre que l'on plaçait devant les églises et près desquels on rendait la justice.

Julien-la-Genête (Saint-), 551 h., c. d'Évaux.

Julien-le-Châtel (Saint-), 580 h., c. de Chambon.

Junien-la-Brégère (Saint-), 859 h., c. de Royère.

Ladapeyre, 1,518 h., c. de Guéret.

Lafat, 1,056 h., c. de Dun. ⟶ Restes d'un camp romain.

Laurent (Saint-), 651 h., c. de Guéret.

Lavaufranche, 558 h., c. de Boussac.

Lavaveix-les-Mines, 4,108 h., c. de Chénérailles. ⟶ Magnifique fût de colonne romaine imbriquée, servant de socle à une croix de bois.

Léger-Bridereix (Saint-), 451 h., c. de la Souterraine. ⟶ Élégante chapelle du xv° s. soudée au flanc droit de l'église. — Près de la Chadrolle, dolmen dont la table a près de 6 mèt. de long.

Léger-le-Guérétois (Saint-), 661 h., c. de Saint-Vaury.

Lépaud, 751 h., c. de Chambon. ⟶ Château de M. le duc de Montpensier, reconstruit sur un ancien plan en 1847; massif carré en briques et granit bleu, avec une grosse tour à l'un de ses angles ; colonnade en avant de la façade, flanquée de deux tourelles pentagonales dont l'une renferme un escalier, vrai chef-d'œuvre d'élégance et de précision architecturale ; dans une des salles,

Château de Montaigut-le-Blanc.

manteau d'une immense cheminée (xv° s.), sculpté sur toute sa surface et décoré de fleurs de lys et d'arcatures, renfermant l'écusson de la branche de Bourbon-Montpensier.

Lépinas, 815 h., c. d'Ahun.
Leyrat, 414 h., c. de Boussac.
Linard, 601 h., c. de Bonnat. ⟶ A Boisséru, ruines d'un couvent de Cordeliers : belle fenêtre ogivale du xv° s. — Pierres tombales chargées de gravures et d'inscriptions à moitié effacées, formant les dalles du rez-de-chaussée de certaines maisons.

Lioux-les-Monges, 298 h., c d'Auzances.

Lizières, 711 h., c. du Grand-Bourg.

Loup (Saint-), 779 h., c. de Chambon.

Lourdeix-Saint-Pierre, 2,054 h., c. de Bonnat. ⟶ A Lignaud, camp romain de Fossés-des-Châtres, de 120 mèt. de côté ; retranchement bien conservé).

Lupersat, 1,700 h., c. de Bellegarde. ⟶ Vaste église du XII° s.; transsept très élevé; chapiteaux singuliers; belle tour du centre de la croisée.

Lussat, 1,185 h., c. de Chambon.

Magnat, 1,812 h., c. de la Courtine. ⟶ Église; abside pentagonale, style roman du XII° s.; à l'entrée de la nef, lion en pierre. — Château du XVII° s., immense édifice qui tombe en ruine.

Mainsat, 2,194 h., c. de Bellegarde. ⟶ Église dont le transsept et le chœur sont de la Renaissance. — Ancien château.

Maison-Feyne, 635 h., c. de Dun.

Maisonnisses, 692 h., c. d'Ahun. ⟶ Église du XIII° s. (ordre de Malte); crypte de la même époque; à droite de la nef, admirable statue du XIII° s. en pierre, représentant un chevalier du Temple.

Maixant (Saint-), 588 h., c. d'Aubusson. ⟶ Élégant château à tourelles (XV° s.).

Malleret, 705 h., c. de Boussac.

Malleret, 285 h., c. de la Courtine.

Malval, 154 h., c. de Bonnat. ⟶ Belles ruines d'un château qui, sous les seigneurs d'Abain, fut le rendez-vous des savants et de la pléiade poétique du XVI° s.

Mansat, 336 h., c. de Bourganeuf.

Marc-à-Frongier (Saint-), 785 h., c. d'Aubusson.

Marc-à-Loubaud (Saint-), 495 h., c. de Gentioux.

Marien (Saint-), 396 h., c. de Boussac.

Mars (Les), 621 h., c. d'Auzances.

Marsac, 1,050 h., c. de Bénévent-l'Abbaye.

Martial-le-Mont (Saint-), 843 h., c. de Saint-Sulpice-les-Champs. ⟶ Beau fût de colonne romaine chargé d'imbrications, sur la place. — Puits funéraire.

Martial-le-Vieux (Saint-), 619 h., c. de la Courtine. ⟶ Château ruiné de Châteauvert.

Martin-Château (Saint-), 1,235 h., c. de Royère. ⟶ A la base d'un des murs de l'église, tombe sculptée du XV° s. — Cascade des Jarreaux, formée par la Maulde (12 à 15 mèt. de haut.).

Martin-Sainte-Catherine (Saint-), 1,329 h., c. de Bourganeuf. ⟶ Chœur de l'église recouvert de fresques datant du commencement de la Renaissance.

Mas-d'Artige (Le), 450 h., c. de la Courtine.

Maurice (Saint-), 690 h., c. de Crocq.

Maurice (Saint-), 1,894 h., c. de la Souterraine.

Mautes, 1,021 h., c. de Bellegarde. ⟶ Château ruiné.

Mazeirat, 302 h., c. d'Ahun.

Mazière-aux-Bons-Hommes (La), 352 h., c. de Crocq.

Méasnes, 1,316 h., c. de Bonnat. ⟶ Ruines de l'abbaye fortifiée d'Aubepierre, de l'ordre de Cîteaux.

Médard (Saint-), 1,725 h., c. de Chénérailles. ⟶ Église en partie du XI° s.; sépultures les plus anciennes du département. — Restes d'inscriptions romaines dans les maisons du village.

Merd-la-Breuille (Saint-), 1,080 h., c. de la Courtine. ⟶ Tumulus de Maneux.

Mérignat, 653 h., c. de Bourganeuf.

Mérinchal, 1,869 h., c. de Crocq.

Michel-de-Veisse (Saint-), 630 h., c. de Saint-Sulpice-les-Champs.

Montaigut-le-Blanc, 774 h., c. de Saint-Vaury. ⟶ Château ruiné du XV° s.

Montboucher, 836 h., c. de Bourganeuf.

Monteil-au-Vicomte (Le), 518 h., c. de Royère. ⟶ Chapelle gothique dans l'église. — Restes du château où est né Pierre d'Aubusson, grand maître de Rhodes. — Église gothique avec deux chapelles latérales.

Moreil (Saint-), 1,278 h., c. de Royère.

Morterolles, 377 h., c. de Royère.

Mortroux, 1,089 h., c. de Bonnat.

Mourioux, 1,191 h., c. de Bénévent-l'Abbaye. ⟶ Excavations considérables pratiquées probablement à l'époque gallo-romaine pour rechercher des filons d'étain. — Dans un bois, *Antres des*

Fades (dolmens).—Tumuli aux Graupes.

Moutier-d'Ahun (Le), 572 h., c. d'Ahun. ⟶ Église d'une ancienne abbaye (mon. hist.), dont le transsept et le chœur seuls sont du XI° s.; nef en ruine servant de cour dont la porte principale présente des voussures ornées de statuettes du XV° s.; débris de sculptures, stèle romaine; admirables boiseries du XVII° s.

Moutier-Malcard, 1,826 h., c. de Bonnat.

Moutier-Rozeille, 1,063 h., c. de Felletin. ⟶ Église avec trois absides romanes; chapiteaux ornées de curieuses sculptures.

Naillat, 2,115 h., c. de Dun. ⟶ Beau menhir au village de Champfrier.

Néoux, 1,044 h., c. d'Aubusson. ⟶ Découverte de tombeaux antiques.

Noth, 911 h., c. de la Souterraine.

Nouaille (La), 1,361 h., c. de Gentioux.

Nouhant, 716 h., c. de Chambon.

Château ruiné du Monteil-au-Vicomte.

⟶ Église des XIII° et XV° s., romane et ogivale, avec chapelle seigneuriale. — Magnifique croix de pierre à l'entrée, dans e style du XV° s. — Château de Bellefaye.

Nouzerines, 887 h., c. de Boussac. ⟶ Église romane très ancienne, avec trois absides et collatéraux rudimentaires.

Nouzerolles, 455 h., c. de Bonnat. ⟶ Gorge profonde de la Petite-Creuse.

Nouziers, 799 h., c. de Châte-

lus-Malvaleix. ⟶ Église du XI° s.

Oradoux-de-Chirouze (Saint-), 650 h., c. de la Courtine. ⟶ Cinq curieux tumuli, aux Mottes.

Oradoux-près-Crocq (Saint-), 455 h., c. de Crocq.

Pardoux-d'Arnet (Saint-), 668 h., c. de Crocq. ⟶ Remarquable église de 1762.

Pardoux-Lavaud (Saint-), 942 h., c. de Royère. ⟶ Église romane, en partie reconstruite en 1498.

Pardoux-le-Neuf (Saint-), 393 h., c. d'Aubusson.

Pardoux-les-Cards (Saint-), 1,276 h., c. de Chénérailles. ⟶ Château de Villemonteix, du xv° s. — Pierre branlante.

Parsac, 1,645 h., c. de Jarnages. ⟶ Église romane avec transsept et collatéraux dont le transsept seul est intact.

Peyrabout, 419 h., c. d'Ahun.

Peyrat-la-Nonière, 1,621 h., c. de Chénérailles. ⟶ Beau lion en granit, œuvre du moyen âge, près de la porte du cimetière. — Bâtiments et église de l'abbaye de Bonlieu ; l'église, ruinée, a conservé une jolie abside polygonale du xii° s., et une partie de sa nef. — Vieux pont sur la Tardes. — Château du Mazeau, des xvi° et xvii° s.; sculptures délicates et médaillons en briques de la façade.

Pierre-Chérignat (Saint-), 703 h., c. de Bourganeuf.

Pierre-de-Fursac (Saint-), 1,515 h., c. du Grand-Bourg. ⟶ Église : chœur du xiv° s., nef du xv° s.; à la voûte du chœur, fresque du xv° s. représentant l'Apocalypse ; riche chapelle du style ogival flamboyant avec vitraux du xvi° s. (mon. hist.). — Dolmen près du Cros.

Pierre-le-Bost (Saint-), 547 h., c. de Boussac.

Pierre-le-Bost (Saint-), 1,052 h., c. de Royère.

Pierrefitte, 275 h., c. de Jarnages.

Pigerolles, 351 h., c. de Gentioux.

Pionnat, 2,237 h., c. d'Ahun. ⟶ Reliquaires de prix, dans l'église. — Deux dolmens, à Menardeix. — Restes des bâtiments claustraux du prieuré des Ternes, ordre des Célestins.

Pontarion, 533 h., ch.-l. de c. de l'arrond. de Bourganeuf, sur le Thaurion. ⟶ Château à demi ruiné du xv° s. dont les murs crénelés et les bâtiments, flanqués de tours rondes, bordent en partie une cour au milieu de laquelle s'élève un chêne remarquable par sa grosseur. — Beau pont sur le Taurion.

Pouge (La), 336 h., c. de Pontarion.

Poussanges, 725 h., c. de Felletin.

⟶ Château gothique, au bord d'un étang.

Priest (Saint-), 857 h., c. d'Évaux.

Priest-la-Feuille (Saint-), 1,558 h., c. de la Souterraine. ⟶ Curieux dolmen dont la table, de forme hémisphérique, repose sur quatre énormes blocs de pierre.

Priest-la-Plaine (Saint-), 850 h., c. du Grand-Bourg.

Priest-Palus (Saint-), 258 h., c. de Bourganeuf.

Puy-Malsignat, 325 h., c. de Chénérailles. ⟶ Tour du xv° s. — Ruines gallo-romaines au Boueix.

Quentin (Saint-), 1,101 h., c. de Felletin. ⟶ Église du xiii° s.; chœur bâti sur crypte (pèlerinage) ; vitraux des trois fenêtres du chevet ; arêtes des voûtes du style ogival le plus gracieux ; deux tableaux sur bois : le *Martyre de saint Quentin* et *Lapidation d'un Franciscain*. — Près des Bordes, menhir de 4 mèt. de haut.

Reterre, 1,020 h., c. d'Évaux.

Rimondeix, 408 h., c. de Jarnages.

Roches, 1,555 h., c. de Châtelus-Malvaleix. ⟶ Chapelle-Malvalaise ; ex-voto curieux.

Rochette (La), 755 h., c. d'Aubusson.

Rougnat, 2,098 h., c. d'Auzances. ⟶ Jolie église ogivale avec abside et absidioles romanes ; arceau tumulaire du xv° s. dont les arêtes sont soutenues par des anges agenouillés ; fonts baptismaux sous un cintre roman, à chapiteaux très curieux ; tableaux représentant des scènes de la vie de Jésus-Christ, peints par le chevalier Lombardi. — Tumulus sur la place.

Royère, 2,469 h., ch.-l. de c. de l'arrondissement de Bourganeuf, sur un affluent de la Maulde. ⟶ Église du xiii° s., avec porche, à la base du clocher.

Sagnat, 555 h., c. de Dun. ⟶ Église romane imitée de celle de la prévôté de la Souterraine, dont elle dépendait ; les parties les plus curieuses sont les collatéraux en plein cintre, très étroits, l'abside et le clocher.

Sannat, 1,615 h., c. d'Évaux.

Sardent, 2,446 h., c. de Pontarion.

Église de la Souterraine.

⟶ Église : riche collection de croix, de montrances, de reliquaires en cuivre émaillé ou doré, du XIIe et du XIVe s.

Saunière (La), 461 h., c. de Guéret. ⟶ Église, type bien conservé des petites églises rurales de l'époque romane dans le diocèse de Limoges. — Château du Territ, du XVIe s., avec une aile plus moderne.

Savennes, 383 h., c. de Guéret. ⟶ Découverte d'un cimetière gallo-romain à Reillac.

Sébastien (Saint-), 1,474 h., c. de Dun. ⟶ Église de 1862; belles verrières de Thévenot. — Ruines de l'abbaye d'Aubignac, dans un site sauvage; église délabrée du XIIe s.

Sermur, 774 h., c. d'Auzances. ⟶ Restes d'une tour forteresse du XIVe s.

Serre-Bussière-Vieille (La), 678 h., c. de Chénérailles. ⟶ Dolmen, sur une éminence artificielle.

Silvain-Bas-le-Roc (Saint-), 657 h., c. de Boussac.

Sillvain-Bellegarde (Saint-), 967 h., c. de Bellegarde.

Silvain-Montaigut (Saint-), 615 h., c. de Saint-Vaury.

Silvain-sur-Toulx (Saint-), 539 h., c. de Jarnages.

Soubrebost, 634 h., c. de Bourganeuf. ⟶ Dans la crypte de l'église, curieuse tombe en granit, du XIIe s., représentant, sur la face antérieure, l'ensevelissement d'un saint. — Entassements énormes de rochers d'aspect bizarre, dans lesquels on a cru reconnaître des monuments mégalithiques. La pierre des Neuf-Gradins est le plus remarquable de ces blocs.

Soumans, 1,335 h., c. de Boussac. ⟶ Tumulus du Tureau.

Sous-Parsat, 430 h., c. de Saint-Sulpice-les-Champs.

Souterraine (La), 4,356 h., ch.-l. de c. de l'arrond. de Guéret, sur la Sédelle. ⟶ Église (mon. hist.) commencée par la partie occidentale à l'époque romane, et terminée, dans le style ogival naissant, au commencement du XIIIe s.; porte à voussures profondes, en ogive, surmontée d'une belle tour flanquée à sa base par deux clochetons romans; nef divisée en cinq travées; les croisillons sont flanqués à l'est d'un collatéral unique. L'édifice a été restauré par M. Abadie. Sous le chœur s'étend la crypte qui, dit-on, aurait donné son nom à la ville. — Dans le cimetière, lanterne des morts, reconstruite avec les matériaux de celle qui se trouvait dans l'ancien cimetière. — Porte fortifiée du XVIe s. — Maisons présentant des fragments d'architecture des XIIe, XIIIe et XIVe s. — A Bridier, beau et large donjon cylindrique de 22 mèt. de diamètre (XIVe ou XVe s.). — Débris immenses d'un oppidum gaulois qui devint plus tard la villa romaine de *la Brède* ou la Brèthe. — Deux énormes tumuli dont l'un, de 184 mèt. de circonférence et de 15 à 16 mèt. de hauteur, et l'autre, large de 54 mèt., se termine à 18 mèt. de hauteur par une plateforme plantée d'arbres. — Fontaine abondante au milieu de ce groupe de tumuli entouré d'un fossé. — Découverte de nombreuses antiquités

Sulpice-le-Donzeil (Saint-), 835 h., c. de Saint-Sulpice-les-Champs.

Sulpice-le-Dunois (Saint-), 1,626 h., c. de Dun.

Sulpice-le-Guérétois (Saint-), 1,905 h., c. de Saint-Vaury. ⟶ Église : porte du XIIe s. à voussures élégamment découpées et richement ornées. — Restes d'un aqueduc souterrain d'origine romaine. — Croix du XIIIe s.

Sulpice-les-Champs (Saint-), 1,050 h., ch.-l. de c. de l'arrond. d'Aubusson, dans des collines dont les eaux vont à la Creuse.

Tardes, 593 h., c. de Chambon.

Tercillat, 507 h., c. de Châtelus-Malvaleix.

Thauron, 850 h., c. de Pontarion. ⟶ Dans le cimetière, petit monument du *Chapeau des Anglais*, colonne cylindrique, surmontée d'un cône tronqué que termine une espèce de masse enflammée, dont la destination est inexpliquée, et qui était probablement un fanal funéraire où la lumière était remplacée par une sculpture représentant des flammes. — Ruines de murs gaulois vitrifiés.

Toulx-Sainte-Croix, 1,301 h., c. de Boussac. ⇒ Vestiges d'une ville antique : triple enceinte, temples, portes de ville et autres monuments. — Église avec abside circulaire et bas-côtés, du xii° s.; clocher plus ancien ; porche précédé de trois lions de pierre. — Aux *Pinelles* et sur la colline des *Jaumathres*, entassements de rochers curieux, pris à tort pour des monuments mégalithiques ; l'un d'entre ces rochers a 12 mèt. de longueur sur 6 de largeur — Sources curieuses des Viviers.

Trois-Fonds, 176 h., c. de Jarnages.

Trucq (Le), 329 h., c. de la Courine.

Vallières, 2,266 h., c. de Felletin. ⇒ Église du xiii° s.; élégante chapelle du xiv° s. — Belle fontaine surmontée du buste en bronze de Pierre d'Aubusson.

Vareilles, 835 h., c. de la Souterraine. ⇒ Église du xv° s. : voûte peinte à la même époque.

Vaury (Saint-), 2,634 h., ch.-l. de c. de l'arrond. de Guéret, sur une colline dominant un étang d'où sort un affluent de la Gartempe. ⇒ Dans l'église, bas-relief du xv° s. appliqué contre les murs du chevet, l'un des plus beaux de la France. Il se compose de neuf panneaux, de 3 mèt. de longueur sur 1 mèt. 50 de hauteur, disposés sur deux rangs, représentant la Passion. Au-dessus, deux figures de saints ; grande et belle châsse, en argent plaqué, du xv° s.

Verneiges, 261 h., c. de Chambon.

Victor (Saint-), 893 h., c. de Guéret.

Vidaillat, 854 h., c. de Pontarion.

Viersat, 623 h., c. de Chambon.

Vigeville, 396 h., c. d'Ahun.

Villard, 814 h., c. de Dun.

Villedieu (La), 271 h., c. de Gentioux.

Villeneuve (La), 325 h., c. de Crocq.

Yrieix-la-Montagne (Saint-), 1,206 h., c. de Felletin.

Yrieix-les-Bois (Saint-), 904 h., c. d'Ahun.

CREUSE

Toutes les Géographies de la collection sont en vente

www.ingramcontent.com/pod-product-compliance
Lightning Source LLC
LaVergne TN
LVHW022113080426
835511LV00007B/783